ARD-Ratgeber Recht
Herausgeber: Dr. Frank Bräutigam

VORZEITIG IN RENTE GEHEN

SWR ② **verbraucherzentrale**

Eine Produktion des Südwestrundfunks in Zusammenarbeit
mit den Verbraucherzentralen

»Ich will doch nicht bis 67 arbeiten!« So oder so ähnlich formulieren viele
ihre Vorstellungen, wenn es um das Ende des Arbeitslebens geht. Doch
wie sehen die gesetzlichen und sozialrechtlichen Voraussetzungen aus?
Unter welchen Bedingungen kann man heute überhaupt noch früher in
Rente gehen? Mit welcher Rentenhöhe kann man rechnen? Und welche
Anlagestrategien für eine sichere Vorsorge bieten sich im Alter an? Solche
und weitere zentrale Fragen rund um das Thema »Frührente« beantwortet
dieser Ratgeber. Er erläutert die aktuelle Gesetzeslage und die wichtigsten
Regelungen und beschreibt anhand zahlreicher Beispiele die Auswirkungen in der Praxis.

Thomas Hammer arbeitet als freier Wirtschaftsjournalist und schreibt
unter anderem für »Die Zeit« und die »Süddeutsche Zeitung«. Für diesen
Ratgeber erklärte er sämtliche finanziellen Aspekte der Frührente.
Dr. Peter Lange ist langjährig als Richter in der Sozialgerichtsbarkeit tätig
(Vorsitzender eines Berufssenats für Rentenrecht/Präsident eines
Sozialgerichts) und einer der renommiertesten Referenten im Sozialrecht.
Er verfasste die Darstellung der Anspruchsvoraussetzungen für Leistungen
der gesetzlichen Rentenversicherung.

Thomas Hammer, Peter Lange

VORZEITIG IN RENTE GEHEN

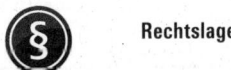 Rechtslage

 Rechtsprechung, Urteil

 Wichtig

 Beispiel

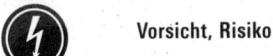 Vorsicht, Risiko!

 Tipp, Ratschlag

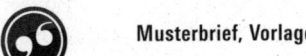 Musterbrief, Vorlage

 Checkliste

Bibliografische Information der Deutschen Bibliothek
Die Deutsche Bibliothek verzeichnet diese Publikation in der
Deutschen Nationalbibliografie; detaillierte bibliografische Daten sind
im Internet über http://dnb.ddb.de abrufbar.

2. Auflage 2012, aktualisiert und überarbeitet
© Verbraucherzentrale NRW, Düsseldorf, www.vz-nrw.de
Printed in Germany.
ISBN 978-3-86336-603-2

LIEBE LESERIN, LIEBER LESER, UND NATÜRLICH AUCH: LIEBE ZUSCHAUERIN, LIEBER ZUSCHAUER DES ARD-RATGEBER RECHT,

das Recht gilt gemeinhin als eine trockene und komplizierte Angelegenheit. Da ist durchaus etwas dran. Trotzdem lautet meine Erfahrung und meine Überzeugung: Hinter jedem schwierigen Paragrafen, hinter jedem Urteil im Juristendeutsch der Gerichte verbergen sich fast immer die Geschichten, Probleme und Schicksale von Menschen – und zwar von Ihnen, liebe Leserinnen und Leser, liebes Publikum. Die schwierigen Paragrafen und ihre Folgen zu erklären, gleichzeitig aber die Geschichten der Menschen dahinter nicht zu vergessen, das ist das erklärte Ziel unserer Sendung „ARD-Ratgeber Recht".

Wohl kaum eine Redaktion im deutschen Fernsehen bekommt so viel Zuschauerpost mit konkreten „Hilferufen". Sie schildern uns Ihre Fälle und bitten uns in Briefen und E-Mails oft um Unterstützung. Dieses Vertrauen in unsere Arbeit ehrt uns sehr, und Ihre Probleme und Fragen sind uns ein wichtiges Anliegen. Allerdings müssen wir Ihnen oft auch antworten, dass wir Ihnen eine konkrete Rechtsberatung im Einzelfall leider nicht geben können und dürfen. Wir haben einen Programmauftrag, der darin besteht, rechtliche Fragen allgemein und leicht verständlich im Fernsehen aufzuarbeiten. Dafür nehmen wir dann gern Ihre konkreten Fälle als Beispiele und sind deshalb weiterhin für jede Zuschrift dankbar. Alles Weitere aber übersteigt in der Regel unsere Möglichkeiten – mit einer Ausnahme: der traditionsreichen Buchreihe zum ARD-Ratgeber Recht.

Damit können wir Ihnen – immer anknüpfend an die Themen unserer Sendungen – umfangreichere Informationen an die Hand geben; mehr, als wir im Fernsehen leisten können. Das Ziel der Reihe ist es, verständliche und erschwingliche Bücher zu den juristischen Themen der Sendung ARD-Ratgeber Recht anzubieten. Unsere erfahrenen Autoren wollen Sie im juristischen Alltagsdschungel an die Hand nehmen und Ihnen Orientierung bieten – mit gut verständlichen Erklärungen, einem klaren Aufbau und einem modernen Design. Hinzu kommen Musterbriefe, Tipps und viele Ratschläge.

Betreut wird die Buchreihe – wie auch die Sendung ARD-Ratgeber Recht – von der ARD-Rechtsredaktion des Südwestrundfunks (SWR) in Karlsruhe, der „Residenz des Rechts". Von dort aus produzieren wir den ARD-Ratgeber Recht und berichten darüber hinaus in den Nachrichtensendungen von ARD und SWR über „alles, was Recht ist". Ich würde mich freuen, wenn Sie diese Buchreihe wie unsere Arbeit auf dem Bildschirm weiterhin so freundlich und kritisch begleiten und uns die Treue halten!

Eine aufschlussreiche und angenehme Lektüre wünscht Ihnen

Dr. Frank Bräutigam,
Leiter der ARD-Rechtsredaktion, Karlsruhe

INHALT

01 EIN ERSTER ÜBERBLICK

02 DIE ALTERSRENTEN

03 RENTE WEGEN VERMINDERTER ERWERBSFÄHIGKEIT

07 DIE ANLAGESTRATEGIE VOR DEM RENTENEINTRITT

08 DIE ANLAGESTRATEGIE BEIM RENTENBEGINN

09 STEUERN UND SOZIALABGABEN IM RENTENALTER

EIN ERSTER ÜBERBLICK

In der gesetzlichen Rentenversicherung gibt es verschiedene Rentenarten: die Regelaltersrenten, die vorgezogenen Altersrenten, die Renten wegen voller oder teilweiser Erwerbsminderung und die Hinterbliebenenrenten. In diesem Kapitel können Sie sich einen ersten Überblick über diese Rentenarten verschaffen.

Vorzeitig in Rente? Wer will das nicht? Und jeder kennt doch in seinem weiteren Bekanntenkreis einen „Frührentner", der es geschafft hat. Aber ist es wirklich so einfach, die wohlverdiente Rente, für die man als Versicherter jahrelang Beiträge eingezahlt hat, auch schon beizeiten zu erhalten? Diese Frage lässt sich nicht mit einem klaren Ja oder Nein beantworten.

Zunächst müssen wir akzeptieren, dass die Zeiten der massenhaften Frühverrentungen ohne Rentenkürzungen vorüber sind und die zwischenzeitlich geänderten Gesetze den vorzeitigen Renteneintritt erschweren. Die freie Entscheidung, ob man früher oder später „in Rente gehen" will, ist heute auf wenige Ausnahmefälle beschränkt. Der vorzeitige Rentenbezug hängt vielmehr von der Erfüllung bestimmter, gesetzlich genau geregelter Voraussetzungen ab, wie zum Beispiel vom Umfang der vorherigen Beitragszahlungen, dem Vorliegen einer Schwerbehinderung oder von Erkrankungen, die eine Minderung der Erwerbsfähigkeit zur Folge haben.

Strenge Voraussetzungen für den vorzeitigen Rentenbezug

Für diejenigen, die entweder aus freien Stücken den Renteneintritt vorverlegen wollen oder unfreiwilligerweise aus gesundheitlichen Gründen oder wegen Arbeitslosigkeit vorzeitig aus dem Erwerbsleben ausscheiden, ist daher die Frage nach der privaten Zusatzvorsorge dringlicher denn je zuvor. Deshalb zeigt dieses Buch neben den Regularien zur gesetzlichen Rente auch die Wege, die zur Sicherung des Lebensstandards im Rentenalter beschritten werden sollten. Die Bandbreite reicht dabei von der betrieblichen Altersvorsorge und Riester-Rente über den privaten Vermögensaufbau bis hin zur Frage, wie Abfindungszahlungen als Überbrückung bis zum regulären Rentenbeginn eingesetzt werden können.

Das Gesetz, in dem die Renten der gesetzlichen Rentenversicherung und ihre Anspruchsvoraussetzungen geregelt sind, ist das Sechste Buch des Sozialgesetzbuchs, abgekürzt: SGB VI. Da einige Leser erfahrungsgemäß Einzelheiten auch im Gesetz nachlesen wollen, werden bei den Erläuterungen der einzelnen Renten in den Kapiteln 2 und 3 auch die maßgeblichen gesetzlichen Bestimmungen, das heißt die jeweiligen Paragrafen, benannt.

Das Rentenrecht unterscheidet zwei Arten von Renten: die Altersrenten und die Erwerbsminderungsrenten. Der Vollständigkeit halber sei auch die Hinterbliebenenrente noch erwähnt, die aber nicht zu unserem Thema gehört und deshalb hier auch nicht behandelt wird. **Renten wegen Erwerbsminderung** werden bewilligt, wenn Versicherte durch Krankheit oder Behinderung voll oder teilweise erwerbsgemindert oder berufsunfähig sind. Erwerbsminderungsrenten werden – mit Ausnahme der Rente bei Berufsunfähigkeit – unabhängig vom Alter des Rentners gewährt. Diese Renten können also „vorzeitig" beansprucht werden, setzen aber – wie erwähnt – eine durch Krankheit bedingte Erwerbsminderung voraus (⸱⸱⸱⸥ Einzelheiten am Ende dieses Kapitels sowie in Kapitel 3 „Rente wegen verminderter Erwerbsfähigkeit", ab Seite 62). Die **Altersrenten** hingegen können erst ab Erreichen bestimmter, unterschiedlicher Altersgrenzen bewilligt werden Bis zum 31.12.2011 bestand noch die Möglichkeit, einzelne Altersrenten – zum Beispiel die Altersrente für schwerbehinderte Menschen – schon (frühestens) ab Vollendung des 60. Lebensjahres in Anspruch zu nehmen. Ab dem Jahr 2012 wird jedoch das Alter des frühestmöglichen Rentenbeginns wegen der ungünstigen demografischen Entwicklung in Deutschland bei den meisten Altersrenten (schrittweise) angehoben. So kann zum Beispiel die Altersrente für Schwerbehinderte – um bei diesem Beispiel zu bleiben – 2012 erst nach Vollendung des 60. Lebensjahres beansprucht werden. Betroffen von dieser Altersgrenzen-Anhebung sind die Geburtsjahrgänge 1952 und jünger, die ja im Jahr 2012 bzw. danach das 60. Lebensjahr vollenden. So kann zum Beispiel ein Versicherter, der im Mai 1952 geboren wurde, die Altersrente für Schwerbehinderte nunmehr frühestens erst mit Vollendung eines Lebensalters von 60 Jahren und 5 Monaten beanspruchen. Versicherte, die

Altersrente und Erwerbsminderungsrente

01

Altersrente frühestens ab 60

1954 geboren wurden, haben zum Beispiel erst (im Jahr 2014) mit 60 Jahren und 8 Monaten Anspruch auf diese Rente. Die schrittweise Anhebung dieser Altersgrenze wird bis 2029 fortgesetzt. Ab 2029 kann die Altersrente für Schwerbehinderte dann erst ab Vollendung des 62. Lebensjahrs bezogen werden (⋯⟩ Einzelheiten ab Seite 40). Eine vergleichbare Anhebung der Altersgrenze erfährt auch die Regelaltersrente, die im Jahr 2011 noch mit Vollendung des 65. Lebensjahres in Anspruch genommen werden konnte (⋯⟩ Einzelheiten hierzu unten und ab Seite 28). Der Bezug einer Altersrente vor Vollendung des – von Rente zu Rente unterschiedlichen – jeweils maßgeblichen Lebensalters ist nicht möglich. Wer vorher aus dem Erwerbsleben ausscheiden will, muss sich privat absichern oder ist auf andere Sozialleistungen angewiesen. Andere Altersrenten können erst ab Erreichen höherer Altersgrenzen beansprucht werden. Hier zunächst ein Überblick über die einzelnen Altersrenten:

- **Regelaltersrente:** Nach Vorstellung des Gesetzgebers sollen die in der gesetzlichen Rentenversicherung versicherten Personen im Regelfall erst mit der Vollendung der sogenannten **Regelaltersgrenze** Anspruch auf Altersrente haben. Diese Rentenart nennt das Gesetz deshalb „Regelaltersrente". Bis zum 31.12.2011 bildete das 65. Lebensjahr die Regelaltersgrenze, sodass die Regelaltersrente bis dahin stets – im Jahr 2011 für den Geburtsjahrgang 1946, der ja 2011 65 Jahre alt wurde – ab Vollendung des 65. Lebensjahres beansprucht werden konnte. Die Möglichkeit des Rentenbezugs „bereits" ab Vollendung des 65. Lebensjahres besteht jedoch seit dem 1.1.2012 nicht mehr. Wegen der ungünstigen demografischen Entwicklung wird auch die Altersgrenze des 65. Lebensjahres ab dem 1.1.2012 für die Geburtsjahrgänge 1947 bis einschließlich 1963 schrittweise (zunächst in Monatsschritten und ab 2023 in Zweimonatsschritten) auf das 67. Lebensjahr angehoben. Die Geburtsjahrgänge 1964 und jünger können dann ab

Rente mit 67

dem 1.1.2029 die Regelaltersrente frühestens ab Vollendung des 67. Lebensjahres erhalten. Das entsprechende Gesetz ist – noch von der Großen Koalition verabschiedet – bereits am 1.1.2008 in Kraft getreten, obwohl in der Politik weiterhin über die Rente mit 67 diskutiert wird (---} Einzelheiten im Kapitel 2 „Die Regelaltersrente", ab Seite 28).

01

Allerdings reicht es für den Rentenanspruch natürlich nicht aus, die Regelaltersgrenze zu erreichen. Der Rentenanspruch setzt außerdem voraus, dass vor Erreichen der Altersgrenze Beiträge in einem bestimmten Mindestumfang in die gesetzliche Rentenversicherung eingezahlt wurden. Bestimmte Personen, wie zum Beispiel Arbeitnehmer und Arbeitgeber, sind verpflichtet, Rentenbeiträge (je zur Hälfte) zu zahlen, die jeden Monat unmittelbar vom Lohn des Arbeitnehmers einbehalten werden. Für diese und andere Personen ist die gesetzliche Rentenversicherung – ebenso wie die Kranken-, Pflege- und Arbeitslosenversicherung – eine Zwangsversicherung. Die von diesen Personen gezahlten Beiträge bezeichnet das Gesetz als Pflichtbeiträge.

Wenn man nicht pflichtversichert ist, kann man auch freiwillige Beiträge in die Rentenversicherung einzahlen. Für den Anspruch auf Regelaltersrente ist es ausreichend, aber auch erforderlich, dass irgendwann vor Erreichen der Regelaltersgrenze für 60 Monate Beiträge gezahlt wurden, freiwillige Beiträge oder Pflichtbeiträge. Eine Beitragszahlung in diesem Umfang nennt das Gesetz **„allgemeine Wartezeit"**, die – außer dem Erreichen der Regelaltersgrenze – als zweite Voraussetzung für den Anspruch auf Regelaltersrente erfüllt sein muss.

Allgemeine Wartezeit

Pflichtbeitragszeiten kann man jedoch nicht nur durch Beitragszahlungen als Arbeitnehmer erwerben. Auch bestimmte Selbstständige, wie zum Beispiel selbstständige Hebammen, Handwerker, Künstler und Publizisten, selbstständige Lehrer wie zum Beispiel Golf-, Tennis- oder Reitlehrer oder auch Ta-

Pflichtbeitragszeiten bei Selbstständigen

gesmütter und andere Berufsgruppen müssen Pflichtbeiträge in die gesetzliche Rentenversicherung zahlen (falls Sie sich für weitere Einzelheiten interessieren oder genau wissen wollen, welche Selbstständigen unter welchen Voraussetzungen der Versicherungspflicht unterliegen, finden Sie in dem Ratgeber der Verbraucherzentrale „Gesetzliche Rente" im Kapitel „Die Versicherungspflicht" oder unter dem Stichwort „Selbstständige" weitere Informationen).

Weitere Pflicht-beitragszeiten

Darüber hinaus sind auch andere Zeiten, wie zum Beispiel Zeiten der Kindererziehung, des Wehr- und Zivildienstes, Zeiten der Pflege von Pflegebedürftigen oder des Bezugs von Arbeitslosen- oder Krankengeld, Pflichtbeitragszeiten, die auf die allgemeine Wartezeit angerechnet werden (···➔ Einzelheiten im Kapitel 2 „Die Regelaltersrente", ab Seite 32).

Tipp

Ob Sie die allgemeine Wartezeit erfüllen, können Sie den **Renteninformationen** oder **Rentenauskünften** entnehmen, die Ihnen der zuständige Rentenversicherungsträger regelmäßig zuschickt. Ab Vollendung des 43. Lebensjahres übersendet der Rentenversicherungsträger Ihnen außerdem alle sechs Jahre einen Bescheid, der verbindlich alle Wartezeiten (Sie sehen also: Es gibt verschiedene, unterschiedliche Wartezeiten!) ausweist, die Sie erfüllt oder noch nicht erfüllt haben.

- **Altersrente für besonders langjährig Versicherte:** Ab dem Jahr 2012 gibt es eine **neue Rente,** die (ohne Abschläge) weiterhin ab Vollendung des 65. Lebensjahres in Anspruch genommen werden kann, obwohl ja die Regelaltersgrenze ab 2012 schrittweise auf das 67. Lebensjahr angehoben wird. Dies ist die Rente für besonders langjährig Versicherte. Wie es der Name der Rente bereits ausdrückt, ist diese Rente Versicherten vorbehalten, die besonders viele Beiträge, und zwar Pflichtbeiträge in einem Umfang von **45 Jahren,** in die gesetzliche Rentenversicherung eingezahlt haben oder sonstige Zeiten zurückgelegt haben, die nach dem Gesetz ebenfalls Pflichtbeitragszeiten darstellen, wie zum Beispiel Zeiten der Kindererziehung, des Wehr- und Zivildienstes oder der Pflege eines Pflegebedürftigen. Diese Anspruchsvoraussetzung nennt das Gesetz die „Wartezeit von 45 Jahren".

Wartezeit von 45 Jahren

Nicht angerechnet werden hierauf – anders als bei der allgemeinen Wartezeit – allerdings Pflichtbeitragszeiten, die, wie zum Beispiel bei Bezug von Arbeitslosengeld oder Arbeitslosengeld II (Zeiten des Bezugs von Arbeitslosengeld II waren vom 1.1.2005 bis 31.12.2010 Pflichtbeitragszeiten), ihren Grund in der Arbeitslosigkeit des Versicherten haben (···⟩ Einzelheiten im Kapitel 2 „Die Altersrente für besonders langjährig Versicherte", ab Seite 38).

01

Kommen wir nun zu den Altersrenten, deren Bezug vor der ab 2012 angehobenen Regelaltersgrenze möglich ist. Der vorzeitige Renteneintritt ist in Deutschland gängige Praxis. Dass die Deutschen in der Regel bis zur Regelaltersgrenze arbeiten und erst dann Altersrente beziehen, ist nämlich bislang nur der Wunsch des Gesetzgebers und im Ergebnis blanke Theorie. In der Praxis sind laut einer Studie der Universität Duisburg-Essen und des Internationalen Instituts für Empirische Sozialökonomie aus dem Jahr 2010 nur 9,2 Prozent der Arbeitnehmer im Alter von 63 Jahren und nur noch 6,3 Prozent ab 64 sozialversicherungspflichtig beschäftigt. Das durchschnittliche Renteneintrittsalter ist zwar in den letzten zehn Jahren deutlich gestiegen, liegt jedoch immer noch bei 61,7 Jahren, wobei viele Rentner vor der Altersrente andere Sozialleistungen beziehen.

Die Altersrenten

- **Altersrente für Schwerbehinderte:** Eine Altersrente vor Erreichen der Regelaltersgrenze (die Regelaltersgrenze ist zum Beispiel im Jahr 2012 das Alter von 65 Jahren und einem Monat, im Jahr 2013 von 65 Jahren und zwei Monaten (···⟩ Einzelheiten hierzu können Sie ab Seite 28 lesen), können zunächst **Schwerbehinderte** in Anspruch nehmen, wenn sie die **Wartezeit von 35 Jahren** erfüllt haben. Auf diese Wartezeit werden nicht nur – wie bei der allgemeinen Wartezeit oder der Wartezeit von 45 Jahren – Pflichtbeitragszeiten und freiwillige Beiträge angerechnet, sondern auch noch andere rentenrechtliche Zeiten,

Vorsicht

In der Regel ist der frühere Rentenbeginn anders als noch in den Neunzigerjahren jedoch teuer erkauft, denn jeder „vorzeitige" Rentenbezug hat heute, von einzelnen Ausnahmen abgesehen, stets – vom Renteneintrittsalter abhängige – Rentenabschläge zur Folge, die auf Dauer bestehen bleiben und die Rente damit dauerhaft mindern.

Abschlag bei vorzeiti-
gem Rentenbezug

Vorsicht

Es besteht die
Möglichkeit, diese
Abschläge durch
die Zahlung von
Rentenversiche-
rungsbeiträgen
ganz oder zum Teil
auszugleichen. Der
hierfür aufzuwen-
dende Geldbetrag
ist jedoch in der
Regel so hoch,
dass sich derartige
Beitragszahlun-
gen nicht lohnen
und eher private
Ausgleichs- oder
Vorsorgemaßnah-
men in Betracht
gezogen werden
sollten (---> ab
Seite 97).

wie zum Beispiel Zeiten der Schwangerschaft, des Mut-
terschutzes oder bestimmte Ausbildungszeiten (---> Einzelheiten im Kapitel 2 „Die Altersrente für schwerbehinderte Menschen", ab Seite 40). Ob Sie die Wartezeit von 35
Jahren erfüllen, können Sie ebenfalls den **Renteninformationen** oder **Rentenauskünften** oder entsprechenden
Bescheiden entnehmen, die Ihnen der zuständige Rentenversicherungsträger regelmäßig zuschickt (---> zur Wartezeit von 35 Jahren im Einzelnen auch Kapitel 2 „Die Altersrente für schwerbehinderte Menschen", ab Seite 40). Der
vorzeitige Rentenbezug für Schwerbehinderte hat jedoch
Rentenabschläge zur Folge, nämlich 0,3 Prozent für jeden
Monat des Rentenbezugs vor Erreichen eines bestimmten
Lebensalters, das wiederum vom Jahr (und vom Monat)
der Geburt des Rentners bzw. vom Rentenbeginn abhängt
und ab dem 1.1.2012 kontinuierlich angehoben wird. Dabei beträgt der Maximalabschlag 10,8 Prozent (---> dazu
im Einzelnen Kapitel 2 „Die Altersrente für schwerbehinderte Menschen", ab Seite 43). Bis zum 31.12.2011 konnte die Altersrente für Schwerbehinderte noch (frühestens)
ab Vollendung des 60. Lebensjahres in Anspruch genommen werden. Hiervon konnten zuletzt noch die Angehörigen des Jahrgangs 1951 profitieren, die ja im Jahr 2011
60 Jahre alt wurden. Ab dem 1.1.2012 wird die Altersgrenze des 60. Lebensjahres für Schwerbehinderte der Jahrgänge 1952 bis einschließlich 1963 schrittweise auf das
62. Lebensjahr angehoben. Die Jahrgänge 1964 und jünger können diese Rente dann – ab 2029 – frühestens ab
Vollendung des 62. Lebensjahres erhalten. Der vorzeitige
Rentenbezug ist auch dann weiterhin mit Abschlägen verbunden (---> dazu im Einzelnen Kapitel 2 „Die Altersrente
für schwerbehinderte Menschen", ab Seite 43). Der Abschlag bleibt auf Dauer bestehen. Ein späterer Wechsel in
eine andere Altersrente mit geringerem Abschlag ist nur in
Ausnahmefällen möglich.

Es besteht die Möglichkeit, diese Abschläge durch die Zahlung von Rentenversicherungsbeiträgen ganz oder zum Teil auszugleichen. Der hierfür aufzuwendende Geldbetrag ist jedoch in der Regel so hoch, dass sich derartige Beitragszahlungen nicht lohnen und eher private Ausgleichs- oder Vorsorgemaßnahmen in Betracht gezogen werden sollten (---> ab Seite 136).

01

- **Altersrente für Frauen:** Außer schwerbehinderten Menschen können auch Frauen unter bestimmten Voraussetzungen vor Erreichen der Regelaltersgrenze in Rente gehen. **Die Rente** setzt voraus, dass die **Wartezeit von 15 Jahren** erfüllt ist, das heißt, es müssen irgendwann vor Rentenbeginn insgesamt 15 Jahre mit Pflichtbeitragszeiten belegt oder freiwillige Beiträge gezahlt worden sein. Außerdem muss die Rentenantragstellerin nach Vollendung des 40. Lebensjahres mehr als 10 Jahre (also mindestens 121 Monate) Pflichtbeitragszeit haben (---> Einzelheiten im Kapitel 2 „Die Altersrente für Frauen", ab Seite 57). Ob Sie die 15-jährige Wartezeit erfüllen, können Sie ebenfalls den **Renteninformationen** oder **Rentenauskünften** oder entsprechenden Bescheiden entnehmen, die Ihnen der zuständige Rentenversicherungsträger regelmäßig zuschickt. Die Altersrente für Frauen können jedoch nur noch Frauen beanspruchen, die vor dem 1.1.1952 geboren sind, das heißt, Frauen des Jahrgangs 1952 und jünger wird diese Rente nicht mehr gewährt. Da die vor dem 1.1.1952 geborenen Frauen spätestens am 31.12.2011 das 60. Lebensjahr vollendet haben, ist eine Inanspruchnahme der Altersrente für Frauen ab 2012 bereits ab Vollendung des 60. Lebensjahres nicht mehr möglich, wohl aber noch in höherem Alter, wenn die oben beschriebenen Anspruchsvoraussetzungen erfüllt sind (---> Einzelheiten ab Seite 57). Die vorzeitige Zahlung der Altersrente für Frauen hat ebenfalls Rentenabschläge zur Folge, und zwar in Höhe von 0,3 Prozent für jeden Monat des Rentenbeginns vor Vollendung des 65. Lebensjahres: Bei einem

Altersgrenzen

Rentenbeginn mit Vollendung des 61. Lebensjahres und damit 48 Monate vor dem 65. Lebensjahr wird die Rente also mit einem Abschlag von 14,4 Prozent (48 x 0,3 Prozent) gezahlt, der ebenfalls auf Dauer bestehen bleibt. Ein späterer Wechsel in eine andere Altersrente mit geringerem Abschlag ist nur in Ausnahmefällen möglich. Es besteht auch hier – wie bei allen Renten, die durch Abschläge gemindert werden – die Möglichkeit, diese Abschläge durch die Zahlung von Rentenversicherungsbeiträgen ganz oder zum Teil auszugleichen (···} Seite 46).

• **Altersrente für langjährig Versicherte:** Der Anspruch darauf setzt außer der Vollendung des 63. Lebensjahres die Erfüllung der sogenannten **Wartezeit von 35 Jahren** voraus. Auf diese Wartezeit werden – wie oben im Zusammenhang mit der Altersrente für Schwerbehinderte bereits erwähnt – neben Pflichtbeitragszeiten und freiwilligen Beiträgen auch noch andere rentenrechtliche Zeiten angerechnet (···} im Einzelnen Kapitel „Die Altersrente für schwerbehinderte Menschen", ab Seite 40). Auch bei dieser Rente ist der vorzeitige Bezug mit Rentenabschlägen verbunden, und zwar in Höhe von 0,3 Prozent pro Monat des Rentenbezugs vor Vollendung der Regelaltersgrenze. Bei einem Rentenbeginn im Jahr 2012 ab 63 und damit 25 Monate vor Vollendung der 2012 geltenden Regelaltersgrenze von 65 Jahren und einem Monat wird die Rente demnach mit einem Abschlag von 7,5 Prozent (25 x 0,3 Prozent) gezahlt. Während die Altersgrenze für den frühestmöglichen Rentenbezug bei der Regelaltersrente und der Altersrente für Schwerbehinderte ab dem 1.1.2012 schrittweise angehoben wird, können langjährig Versicherte auch noch nach 2012 unverändert ab 63 die vorzeitige Rentengewährung beanspruchen. Allerdings werden die Abschläge, die auch hier dauerhaft bestehen bleiben, schrittweise auf einen Höchstabschlag von 14,4 Prozent (bei einem Rentenbeginn ab Vollendung des 63. Lebensjahres) angehoben. Ein späterer Wechsel in eine andere Altersrente mit einem ge-

ringeren Abschlag ist nur in Ausnahmefällen möglich (---->
im Einzelnen Kapitel 2 „Die Altersrente für langjährig Versicherte", ab Seite 48).

- **Altersrente wegen Arbeitslosigkeit oder nach Altersteilzeitarbeit:** Arbeitslose haben unter bestimmten Voraussetzungen die Möglichkeit, bereits ab Vollendung des
63. Lebensjahres Rente zu beanspruchen. Die Altersrente
wegen Arbeitslosigkeit setzt voraus, dass nach der Vollendung eines Lebensalters von 58 Jahren und 6 Monaten
eine Arbeitslosigkeit von 52 Wochen bestanden hat, in den
letzten 10 Jahren vor Rentenbeginn eine Pflichtbeitragszeit
von 8 Jahre enthalten und die Wartezeit von 15 Jahren erfüllt ist. Diese Wartezeit ist erfüllt, wenn irgendwann vor
Rentenbeginn insgesamt 15 Jahre mit Pflichtbeitragszeiten belegt oder freiwillige Beiträge gezahlt worden sind.
Die Anspruchsvoraussetzungen für diese Rente sind auch
erfüllt, wenn anstelle der Arbeitslosigkeit eine (zumindest)
24-monatige **Altersteilzeitarbeit** ausgeübt wurde. Die Altersrente wegen Arbeitslosigkeit oder nach Altersteilzeitarbeit können jedoch – ebenso wie die Altersrente für Frauen
– nur noch Versicherte beanspruchen, die vor dem 1.1.1952
geboren sind, das heißt, Versicherten des Jahrgangs 1952
und jünger wird diese Rente nicht mehr gezahlt. Da die vor
dem 1.1.1952 Geborenen spätestens am 31.12.2014 das 63.
Lebensjahr vollendet haben, ist eine Inanspruchnahme der
Altersrente wegen Arbeitslosigkeit oder nach Altersteilzeitarbeit ab 2015 bereits ab Vollendung des 63. Lebensjahres
nicht mehr möglich, wohl aber noch mit höherem Alter,
wenn die oben beschriebenen Anspruchsvoraussetzungen erfüllt sind (----> Einzelheiten ab Seite 51). Die vorzeitige
Zahlung der Altersrente wegen Arbeitslosigkeit oder nach
Altersteilzeitarbeit hat ebenfalls Rentenabschläge zur Folge, und zwar in Höhe von 0,3 Prozent für jeden Monat des
Rentenbeginns vor Vollendung des 65. Lebensjahres: Bei
einem Rentenbeginn mit Vollendung des 63. Lebensjahres
und damit 24 Monate vor Vollendung des 65. Lebensjahres

01

Altersgrenzen für den
Rentenbezug

Rentenabschläge

Unterschiedliche Arten der Erwerbsminderungsrente

Vorsicht

Alle Jüngeren sind vom Bezug dieser Rente ausgeschlossen und sollten das Risiko der Berufsunfähigkeit auf jeden Fall privat absichern (---> ab Seite 97).

Anspruchsvoraussetzungen für Erwerbsminderungsrente

wird die Rente also nur mit einem Abschlag von 7,2 Prozent (24 x 0,3 Prozent) gezahlt, der auf Dauer bestehen bleibt.

- **Rente wegen verminderter Erwerbsfähigkeit:** Neben diesen Möglichkeiten des vorzeitigen Altersrentenbezugs ist ein früher Renteneintritt durch den Bezug einer Rente wegen verminderter Erwerbsfähigkeit möglich. Diese Rente kann – anders als die Altersrenten – auch schon vor dem (frühstmöglichen) Beginn einer Altersrente beansprucht werden. Dabei unterscheidet das Gesetz zwischen Renten wegen voller Erwerbsminderung, wegen teilweiser Erwerbsminderung und wegen teilweiser Erwerbsminderung bei Berufsunfähigkeit. Während die Renten wegen voller und teilweiser Erwerbsminderung unabhängig vom Alter geleistet werden, wenn die gesetzlichen Anspruchsvoraussetzungen erfüllt sind, kann die Berufsunfähigkeitsrente nur noch von Versicherten in Anspruch genommen werden, die vor dem 2.1.1961 geboren sind.

Die Erwerbsminderungsrenten können allerdings nur von Versicherten beansprucht werden, die durch Krankheit oder Behinderung voll oder teilweise erwerbsgemindert oder berufsunfähig geworden sind (wann volle oder teilweise Erwerbsminderung oder Berufsunfähigkeit im Sinne des Gesetzes vorliegt, lesen Sie ab Seite 62). Der Eintritt von Erwerbsminderung oder Berufsunfähigkeit reicht natürlich nicht für einen Anspruch auf Zahlung der Rente aus. Es müssen vielmehr – wie bei den Altersrenten – (irgendwann) vor der Erwerbsminderung zur Begründung des Versicherungsschutzes Pflichtbeiträge oder freiwillige Beiträge in einem Umfang von zumindest 60 Monaten in die Rentenversicherung eingezahlt worden sein. Es muss also, wie bei der Regelaltersrente, die sogenannte allgemeine Wartezeit erfüllt sein. Dabei kann man – wie oben bereits erwähnt – Pflichtbeitragszeiten nicht nur durch Beitragszahlungen zum Beispiel als Arbeitnehmer erwerben. Auch andere Zeiten, wie etwa Zeiten der Kindererziehung, der Pflege von Pflegebedürftigen oder des Bezugs von

Arbeitslosen- oder Krankengeld sind Pflichtbeitragszeiten, die auf die allgemeine Wartezeit angerechnet werden.

Über die Erwerbsminderung und die allgemeine Wartezeit hinaus setzt die Gewährung einer Rente wegen verminderter Erwerbsfähigkeit voraus, dass für die Versicherten in den letzten fünf Jahren vor dem Eintritt der Erwerbsminderung eine Pflichtbeitragszeit von 36 Monaten enthalten ist (···⟩ Einzelheiten zu dieser im Einzelfall recht komplizierten Anspruchsvoraussetzung im Kapitel „Besondere versicherungsrechtliche Voraussetzungen", ab Seite 76).

01

Die Renten wegen Erwerbsminderung werden in der Regel nur auf Zeit und längstens bis zum Erreichen der Regelaltersgrenze gezahlt. Auch der vorzeitige Bezug einer Erwerbsminderungsrente hat Rentenabschläge zur Folge, nämlich 0,3 Prozent für jeden Monat Rentenbezug vor Erreichen eines bestimmten Lebensalters, das wiederum vom Jahr (und vom Monat) der Geburt des Rentners bei Eintritt der Erwerbsminderung abhängt und ab dem 1.1.2012 kontinuierlich angehoben wird. Dabei beträgt der Maximalabschlag 10,8 Prozent. Der Abschlag bleibt für die Dauer des Rentenbezugs bestehen und setzt sich auch bei einer anschließenden Altersrente fort, wenn diese nahtlos im Anschluss an die Erwerbsminderungsrente gewährt wird. Liegt zwischen dem Ende des Bezugs der Erwerbsminderungsrente und dem Beginn der Altersrente mindestens ein Kalendermonat, hat der Abschlag der Erwerbsminderungsrente auf die Altersrente keine Auswirkung (···⟩ dazu im Einzelnen Kapitel 3 „Rente wegen verminderter Erwerbsfähigkeit", ab Seite 71).

Die **Höhe der Alters- und Erwerbsminderungsrenten** errechnet sich im Wesentlichen aus den vor Rentenbeginn entrichteten Beiträgen. Sind viele und hohe Beiträge gezahlt worden, ist die Rente natürlich höher als bei nur geringen Beitragsleistungen. Zahl und Höhe der Beiträge finden in der Rente ihren Niederschlag. Dieser Grundsatz ist sogar durch das Grundgesetz geschützt. Als Beitragszahler hat man allerdings nur begrenzten Einfluss auf die Höhe der zu zahlenden Beiträge und damit kaum Möglichkeiten, die Höhe der späte-

Höhe des Bruttolohns
bestimmt Beitrags-
höhe

ren Rente selbst zu bestimmen. So ergibt sich zum Beispiel bei versicherungspflichtigen Arbeitnehmern, der mit Abstand größten Gruppe der Beitragszahler, die Höhe des monatlichen Rentenversicherungsbeitrags zwingend aus der Höhe des Bruttolohns. Von diesem Lohn ist ein Beitrag zur Rentenversicherung in Höhe des jeweiligen Beitragssatzes, der 2011 19,9 Prozent betrug und 2012 19,6 Prozent beträgt, vom Arbeitgeber abzuführen. Der Arbeitnehmer muss die Hälfte des Beitrags übernehmen.

Bei einem Bruttodurchschnittsverdienst aller Versicherten im Jahr 2011 in Höhe von ca. 32.000 Euro errechnet sich demnach ein Gesamtjahresbeitrag von 6.368 Euro (19,9 Prozent von 32.000 Euro). Hieraus wiederum ergibt sich ein monatlicher Rentenanspruch in Höhe von ca. 27 Euro in den alten und ca. 24 Euro in den neuen Bundesländern. Wer also zehn Jahre lang gearbeitet und jeweils so viel verdient hat wie der Durchschnitt aller Versicherten, erhält für diese zehnjährige Arbeitsleistung und Beitragszahlung eine monatliche Rente von ca. 270 bzw. 240 Euro. Bei einem höheren oder niedrigeren Verdienst errechnet sich natürlich eine höhere bzw. niedrigere Rente. Dabei ist der für die Beitragszahlung anzusetzende Bruttolohn nach oben durch die sogenannte Beitragsbemessungsgrenze gedeckelt. Diese Beitragsbemessungsgrenze beträgt zum Beispiel im Jahr 2012 5.600 Euro in den alten und 4.800 Euro in den neuen Bundesländern und wird jedes Jahr neu bestimmt. Bei einem über diesem Betrag liegenden Bruttoverdienst werden Rentenversicherungsbeiträge nur von einem Betrag in Höhe der Beitragsbemessungsgrenze einbehalten. Hierdurch wird natürlich auch die Höhe der Renten nach oben begrenzt.

Beitragsbemessungs-
grenze

Wer ein Gehalt über der Beitragsbemessungsgrenze bezieht und später eine an seinem Verdienst orientierte Rente erhalten will, muss privat vorsorgen, denn die Renten aus der gesetzlichen Rentenversicherung sind – wie gesagt – maximal nach einem Bruttolohn in Höhe der Beitragsbemessungsgrenze zu berechnen. Die nach dem Lohn zu zahlenden **Beiträge können nicht aufgestockt werden,** um später eine höhere Rente zu erzielen. Ein Arbeitnehmer, der einen größeren Geldbetrag geerbt oder im Lotto gewonnen hat, kann diesen Betrag nicht zur Erhöhung seiner späteren Rente in die Rentenversicherung einzahlen. Eine Zahlung zusätzlicher Beiträge ist nicht möglich. Nach dem Gesetz besteht zwar – wie Sie bereits lesen konnten – die Möglichkeit, **freiwillig Beiträge** zu zahlen. Hierzu sind jedoch nur Personen berechtigt, die nicht pflichtversichert sind. Von dieser Regelung werden alle Tatbestände der Pflichtversicherung erfasst, sodass auch zum Beispiel der Bezug von Lohnersatzleistungen wie Arbeitslosengeld oder Krankengeld oder die sonstigen oben bereits aufgeführten Zeiten der Pflichtversicherung dem Recht zur freiwilligen Versicherung entgegenstehen. Folglich kann auch ein ehemaliger Arbeitnehmer zum Beispiel eine nach Beendigung seiner Beschäftigung erhaltene **Abfindung** nicht in die Rentenversicherung einzahlen, solange er durch den Bezug von Sozialleistungen pflichtversichert ist.

Keine zusätzlichen Beiträge möglich

01

Freiwillige Beiträge können nur diejenigen zahlen, die nicht pflichtversichert sind, wie zum Beispiel in der Regel Selbstständige, Hausfrauen, geringfügig Beschäftigte oder auch ehemalige Arbeitnehmer, die keine Lohnersatzleistungen (mehr) beziehen. Freiwillig Versicherte können allerdings die Höhe der Beiträge zwischen einem monatlichen Mindestbeitrag (im Jahr 2012 ca. 80 Euro in den alten und neuen Bundesländern) und einem monatlichen Höchstbeitrag (2012 knapp 1.100 Euro in den alten und ca. 940 Euro in den neuen Bundesländern) frei bestimmen und haben damit auch Einfluss auf die Höhe ihrer späteren Rente. Es ist jedoch nicht möglich, eine beliebig hohe Geldsumme auf einmal einzuzahlen, sondern die freiwilligen Beiträge können nur jeweils für das laufende Kalenderjahr (maximal in Höhe des Höchstbetrags) spätestens bis zum 31.3. des Folgejahres gezahlt werden. Die

Beitragshöhe unter bestimmten Bedingungen frei wählbar

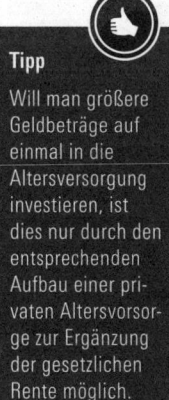

Tipp

Will man größere Geldbeträge auf einmal in die Altersversorgung investieren, ist dies nur durch den entsprechenden Aufbau einer privaten Altersvorsorge zur Ergänzung der gesetzlichen Rente möglich.

Beiträge für das Jahr 2012 – für jeden Kalendermonat (also zwölfmal) maximal 1.100 Euro bzw. 940 Euro – müssen bis zum 31.3.2013 gezahlt worden sein. Die Zahlung freiwilliger Beiträge nach diesem Stichtag für das Jahr 2012 oder frühere Jahre ist ausgeschlossen. Sollen weitere Geldbeträge in die gesetzliche Rentenversicherung investiert werden, ist dies nur für das jeweils aktuelle Kalenderjahr bei Zahlung bis spätestens zum 31.3. des Folgejahres möglich. In unserem Beispiel könnten also erst wieder im Jahr 2013 (spätestens bis zum 31.3.2014) die Beiträge für das Jahr 2013, wiederum maximal in Höhe der oben genannten Gesamtsummen, gezahlt werden.

DIE ALTERSRENTEN

02

Zu den Altersrenten gehören die Regelaltersrente, die Altersrente für langjährig Versicherte, die Altersrente für schwerbehinderte Menschen, die Altersrente wegen Arbeitslosigkeit oder nach Altersteilzeitarbeit und die Altersrente für Frauen. Für die verschiedenen Altersrentenarten müssen jeweils besondere Voraussetzungen erfüllt werden. Dazu gehören unterschiedliche Wartezeiten, ein bestimmtes Lebensalter und weitere Bedingungen. Einzelheiten zu diesen Voraussetzungen erfahren Sie in diesem Kapitel.

In diesem Kapitel wird im Einzelnen dargestellt, von welchem Alter an und unter welchen Voraussetzungen die verschiedenen Altersrenten beansprucht werden können.

DIE REGELALTERSRENTE

Die Regelaltersrente wird (frühestens) ab Erreichen der sogenannten Regelaltersgrenze gezahlt und setzt voraus, dass der Rentner vor Erreichen dieser Altersgrenze für zumindest 60 Kalendermonate Beiträge in die gesetzliche Rentenversicherung eingezahlt hat. Die Regelaltersrente ist die Rente, die jedenfalls nach der Vorstellung des Gesetzgebers jeder Versicherte in der Regel als Altersrente erhalten soll, auch wenn die Praxis anders aussieht (····⟩ Kapitel 1 „Ein erster Überblick", ab Seite 10). Nur in Ausnahmefällen – zum Beispiel bei Schwerbehinderung oder langjährigen Beitragszahlungen – soll ein Renteneintritt vor Erreichen der Regelaltersgrenze möglich sein, der jedoch zumeist Rentenabschläge zur Folge hat (····⟩ zu Ausnahmen Seite 44). Dies ist bei der Regelaltersrente nicht der Fall. Die Anspruchsvoraussetzungen für diese Rente sind in den §§ 35, 235 SGB VI geregelt. Die Rechtslage ist allerdings etwas komplizierter, als man nach dem bisherigen Lesen meint. Lesen Sie deshalb weiter.

Etwa 100 Jahre lang konnten Altersrenten nach dem deutschen Rentenrecht spätestens mit Vollendung des 65. Lebensjahres in Anspruch genommen werden, so auch bei der seit 1992 im SGB VI geregelten Regelaltersrente.

Anhebung der Altersgrenze ab 2012

Die Möglichkeit der Inanspruchnahme der Regelaltersrente ab Vollendung des 65. Lebensjahres bestand jedoch nur noch für Versicherte, die vor dem 1.1.1947 geboren sind, also für die Versicherten, die noch bis zum 31.12.2011 das 65. Lebensjahr vollendeten. Alle später Geborenen, das heißt alle ab dem 1.1.1947 geborenen Versicherten, können die Regelaltersrente erst später, nach Vollendung des 65. Lebensjahres erhalten. Der Gesetzgeber hat nämlich das Altersrentenrecht im Hinblick auf die ungünstige demografische Entwicklung in Deutschland durch das Altersgrenzenanpassungsgesetz vom 20.4.2007, das bereits zum 1.1.2008 in Kraft getreten ist, grundlegend geändert: Die Altersgrenze des 65. Lebensjahres wird ab dem 1.1.2012 schrittweise bis 2029 auf das 67. Lebensjahr angehoben. Ab dem 1.1.2029 kann die Regelaltersrente dann frühestens ab dem 67. Lebensjahr beansprucht werden. Davon betroffen sind die Geburtsjahrgänge 1964 und jünger. Ab welchem Alter die Regelaltersrente bis zum 31.12.2028 (frühestens) bewilligt werden kann, ergibt sich aus der folgenden Tabelle. Von der Anhebung der Altersgrenze von 65 auf 67 während der Zeit vom 1.1.2012 bis zum 31.12.2028 sind die Jahrgänge 1947 bis 1963 betroffen.

Altersgrenzen-anpassungsgesetz

02

Wie man der Tabelle entnehmen kann, wird die Altersgrenze des 65. Lebensjahres zunächst bis 2024 in Monatsschritten und in der Folgezeit (ab Jahrgang 1959) in Zweimonatsschritten pro Jahr auf das 67. Lebensjahr angehoben.

Die Tabelle lässt sich leicht lesen: Ein Versicherter, der zum Beispiel im Jahr 1947 geboren ist und damit als erster Jahrgang von der Rentenanhebung betroffen ist, erhält die Rente im Jahr 2012 mit Erreichen des Alters von 65 Jahren und 1 Monat. Demgegenüber kann ein Versicherter, der 1958 geboren ist, die Rente erst 12 Monate nach Vollendung des 65. Lebensjahres, also mit 66 beanspruchen, während der Jahrgang 1964 die Rente erst ab Vollendung des 67. Lebensjahres erhalten kann.

Jahrgang	Anhebung	
	um Monate	Jahre + Monate
1947	1	65 + 1
1948	2	65 + 2
1949	3	65 + 3
1950	4	65 + 4
1951	5	65 + 5
1952	6	65 + 6
1953	7	65 + 7
1954	8	65 + 8
1955	9	65 + 9
1956	10	65 + 10
1957	11	65 + 11
1958	12	66 + 0
1959	14	66 + 2
1960	16	66 + 4
1961	18	66 + 6
1962	20	66 + 8
1963	22	66 + 10
1964	24	67 + 0

Nach diesen Erläuterungen sind Sie jetzt auch bei einem eventuellen Blick in das Gesetz nicht mehr irritiert: § 35 SGB VI, der den Anspruch auf Regelaltersrente regelt, ist zwar schon am 1.1.2008 in Kraft getreten, regelt aber erst die ab dem 1.1.2029 geltende Gesetzeslage, wonach die Regelaltersrente frühestens ab dem 67. Lebensjahr gewährt wird. Das ist dann die viel diskutierte Rente mit 67. Bis zum 1.1.2029 gilt § 235 SGB VI, der den Zeitpunkt des frühesten Rentenbeginns nach Maßgabe der obigen Tabelle bestimmt. Das danach jeweils frühestmögliche Renteneintrittsalter wird – wie bereits mehrfach erwähnt – „Regelaltersgrenze" genannt.

Tipp

Bestimmte rentennahe Jahrgänge können die Regelaltersrente auch nach 2012 weiterhin mit Vollendung des 65. Lebensjahres erhalten, weil sie auf die Fortgeltung des Rentenbeginns ab 65 vertrauen durften: Die Altersgrenze wird nicht auf das 67. Lebensjahr angehoben, wenn Versicherte vor dem 1.1.1955 geboren sind und vor dem 1.1.2007 Altersteilzeitarbeit im Sinne des Altersteilzeitgesetzes vereinbart haben oder Anpassungsgeld für entlassene Arbeitnehmer des Bergbaus bezogen haben. Diese Personen erhalten die Rente weiter ab 65.

Keine Renten-
abschläge

Beim Bezug einer Regelaltersrente sieht das Gesetz – anders als bei anderen Altersrenten – keine Rentenabschläge vor. Rentenabschläge sollen nämlich einen Ausgleich dafür schaffen, dass die Rente vorzeitig, das heißt vor Erreichen der Regelaltersgrenze, beginnt und die Rente folglich insgesamt länger zu zahlen ist. Die Rentengewährung ab Erreichen der Regelaltersrente ist jedoch gerade der vom Gesetz gewollte „Normalfall" der Altersrentenzahlung und kein vorzeitiger Rentenbezug.

Auch die Regelaltersrente wird jedoch ausnahmsweise nur mit Rentenabschlägen gewährt, wenn der Rentner unmittelbar bis zum Beginn dieser Rente eine Erwerbsminderungsrente bezogen hat, die mit Abschlägen geleistet wurde. Erwerbsminderungsrenten erhalten nämlich für jeden Monat des Eintritts der Erwerbsminderung vor Vollendung eines bestimmten Lebensalters (zum Beispiel im Januar 2012 63 Jahre und ein Monat) einen Rentenabschlag von 0,3 Prozent, höchstens 10,8 Prozent (---> im Einzelnen ab Seite 71). Um diesen Rentenabschlag wird dann auch die Regelaltersrente gemindert, wenn sie sich nahtlos an die Erwerbsminderungsrente anschließt.

Natürlich besteht auch die Möglichkeit, die Regelaltersrente erst später, das heißt nach Vollendung der Regelaltersgrenze, in Anspruch zu nehmen. In diesem Fall wird der spätere Rentenbeginn vom Gesetz sogar belohnt: Der Rentner erhält für jeden Monat, den er die Regelaltersrente nach Vollendung der für ihn maßgeblichen Regelaltersgrenze beansprucht, einen Rentenzuschlag von 0,5 Prozent. Arbeitet man über die Regelaltersgrenze hinaus ohne Rentenbezug weiter (zum Beispiel als Arbeitnehmer) und zahlt weiter Rentenversicherungsbeiträge, so erhöhen diese Beiträge natürlich die später beginnende Rente. Man erhält aber auch den Rentenzuschlag, wenn man die Rente später in Anspruch nimmt und nicht weitergearbeitet hat.

Belohnung bei späterem Rentenbeginn

02

Man kann natürlich auch die Regelaltersrente bereits ab der Regelaltersgrenze in Anspruch nehmen und neben der Rente arbeiten. Der dabei erzielte Verdienst wird – unabhängig von der Höhe dieses Hinzuverdienstes – auf diese Rente nicht angerechnet (anders aber bei allen anderen Renten, vgl. hierzu ab Seite 46). Der Rentner braucht bei Ausübung einer versicherungspflichtigen Beschäftigung neben der (vollen) Regelaltersrente keine Beiträge zur gesetzlichen Rentenversicherung zu zahlen. Er ist versicherungsfrei. Der Arbeitgeber muss allerdings seinen Beitragsanteil in die Rentenversicherung einzahlen.

Arbeiten neben der Regelaltersrente

Außer der Vollendung der sogenannten Regelaltersgrenze setzt der Anspruch auf Regelaltersrente – wie bereits erwähnt – voraus, dass der Rentner vor Rentenbeginn zumindest 60 Kalendermonate (= insgesamt fünf Jahre) lang Beiträge in die gesetzliche Rentenversicherung eingezahlt hat. Wie der Name schon sagt, ist die Rentenversicherung eine Versicherung und diese setzt wie jede andere Versicherung auch vor Erhalt der versicherten Leistung (hier: Zahlung einer Rente) die Entrichtung von (Versicherungs-)Beiträgen voraus. Diese Anspruchsvoraussetzung bezeichnet das Gesetz als „Wartezeit", wobei die für die Regelaltersrente erforderliche Beitragszahlung von fünf Jahren als „allgemeine Wartezeit" bezeichnet wird (lesen Sie bei Bedarf zur Vertiefung in dem Ratgeber „Gesetzliche Rente" das Kapitel „Die Wartezeiten"). Die Beiträge werden immer für bestimmte Monate gezahlt. So hat zum Beispiel ein im Jahr 2010 durchgängig versicherungspflichtig beschäftigter Arbeitnehmer seine Rentenversicherungsbeiträge für die Monate Januar bis Dezember 2010 gezahlt, die ihm Monat für Monat unmittelbar von seinem Bruttolohn abgezogen wurden. Er hat damit 12 Beitragsmonate erworben, die auf die allgemeine Wartezeit anzurechnen sind.

Versicherungspflichtige Selbstständige

Außer den Arbeitnehmern, die das Gesetz „Beschäftigte" nennt, müssen auch bestimmte „kleine" Selbstständige Pflichtbeiträge in die gesetzliche Rentenversicherung einzahlen, wie zum Beispiel selbstständige Handwerker, Hebammen, medizinische Bademeister, Tagesmütter, selbstständige Lehrer (zum Beispiel Tennis-, Musik-, Reit- oder Golflehrer) oder Physiotherapeuten und andere Berufsgruppen (lesen Sie hierzu in dem Ratgeber „Gesetzliche Rente" das Kapitel „Die Versicherungspflicht", „b) Selbstständige"). Die übrigen Selbstständigen unterliegen nicht der Versicherungspflicht. Unerheblich ist, wann die einzelnen Beitragsmonate für die Wartezeit zurückgelegt worden sind und ob die Monatsbeiträge „gestückelt" (zum Beispiel einzelne Monate oder Monatsblöcke mit mehreren Unterbrechungen) oder zusammenhängend (zum Beispiel mehrere zusammenhängende Monate oder Jahre) entrichtet wurden. Entscheidend ist allein, dass insgesamt 60 Beitragsmonate (= fünf Jahre) und damit die allgemeine Wartezeit vor dem Rentenbeginn liegen.

Hat ein vom 1.1.2000 bis zum 31.12.2002 (= drei Jahre) versicherungspflichtig beschäftigter Arbeitnehmer im Jahr 2004 freiwillige Beiträge gezahlt und in den Jahren 2008 und 2009 wieder jeweils sechs Monate versicherungspflichtig gearbeitet, dann hätte er für seine spätere Regelaltersrente die allgemeine Wartezeit (= 60 Beitragsmonate) zurückgelegt.

02

Sind für einen Monat nur zum Teil Beiträge gezahlt worden, zum Beispiel weil ein Arbeitnehmer nur bis Mitte des Monats beschäftigt war und dann entlassen wurde, ist der volle Monat auf die Wartezeit anzurechnen. Hierfür würde sogar die Entrichtung eines Beitrags für nur einen Tag im Monat ausreichen.

Ob Sie die allgemeine Wartezeit erfüllen, können Sie den **Renteninformationen** oder **Rentenauskünften** entnehmen, die Ihnen der zuständige Rentenversicherungsträger regelmäßig zuschickt. Ab Vollendung des 43. Lebensjahres übersendet der Rentenversicherungsträger Ihnen außerdem alle sechs Jahre einen Bescheid, der verbindlich alle Wartezeiten ausweist, die Sie erfüllt oder noch nicht erfüllt haben. Sie müssen jedoch genau überprüfen, ob diese Mitteilungen auch alle von Ihnen zurückgelegten Beitragszeiten und anderen rentenrechtlichen Zeiten enthalten. Die Mitteilungen der Rentenversicherungsträger sind nicht immer fehlerfrei.

Auf die allgemeine Wartezeit werden neben Pflichtbeiträgen, die man zum Beispiel als Arbeitnehmer entrichten muss, auch freiwillige Beiträge angerechnet, die in die Rentenversicherung eingezahlt worden sind (⋯⟩ in Kapitel 1 „Ein erster Überblick", letzter Absatz, ab Seite 25; zur Vertiefung bei Bedarf im Ratgeber „Gesetzliche Rente" das Kapitel „Die rentenrechtlichen Zeiten" und dort „Die freiwillige Versicherung"). Jeder, der das 16. Lebensjahr vollendet hat und in Deutschland lebt, kann freiwillig Beiträge in die Rentenversicherung einzahlen, ebenso Deutsche, die im Ausland leben.

Die anrechnungsfähigen Zeiten

Freiwillige Beiträge dürfen aber nur die Personen zahlen, die nicht bereits – zum Beispiel als Arbeitnehmer – pflichtversichert sind. Ein Arbeitnehmer kann also nicht neben den von ihm entrichteten Pflichtbeiträgen freiwillige Beiträge zahlen, um später eine höhere Rente zu erhalten. Eine derartige „Aufstockung" der späteren Rente durch freiwillige Beiträge ist im Rentenrecht nicht vorgesehen. Auch alle anderen Zeiten der Pflichtversicherung (···⟩ Seite 25) schließen das Recht zur freiwilligen Versicherung aus. Eine bessere finanzielle Versorgung im Alter ist für Pflichtversicherte damit nur durch entsprechende private Vorsorgemaßnahmen – zum Beispiel durch den Abschluss eines Riester-Rentenvertrags (···⟩ ab Seite 111) – möglich.

Sollten Sie jedoch einige Jahre vor oder mit Erreichen der Regelaltersgrenze nicht mehr versicherungspflichtig beschäftigt sein und feststellen, dass Sie die allgemeine Wartezeit noch nicht erfüllt haben, dann können Sie durch die Zahlung freiwilliger Beiträge (der Mindestbeitrag von ca. 80 Euro monatlich reicht aus) die allgemeine Wartezeit komplettieren, also so viele Beiträge zahlen, bis Sie 60 Beitragsmonate voll haben und damit die Regelaltersrente beanspruchen können. Diese Möglichkeit besteht jedoch nicht für ehemalige Arbeitnehmer, die noch Lohnersatzleistungen wie zum Beispiel Krankengeld oder Arbeitslosengeld beziehen. Der Bezug derartiger Leistungen ist nämlich eine Zeit der Pflichtversicherung (···⟩ nächster Absatz), die das Recht ausschließt, freiwillige Beiträge zu zahlen.

Grenzen für freiwillige Beiträge

Allerdings kann man nicht beliebig viele freiwillige Beiträge auf einmal und nicht beliebig hohe Beiträge zahlen. Vielmehr ist die Höhe der einzelnen Monatsbeiträge nach oben begrenzt und die Beiträge können immer nur für das aktuelle Kalenderjahr, spätestens bis zum 31.3. des Folgejahres, gezahlt werden (···⟩ in Kapitel 1 „Ein erster Überblick", letzter Absatz, Seite 25; vertieft im Ratgeber „Gesetzliche Rente" das Kapitel „Die rentenrechtlichen Zeiten" und dort „Die freiwillige Versicherung").

Neben den Pflichtbeiträgen, die – wie erwähnt – zum Beispiel Arbeitnehmer entrichten müssen, erkennt das Gesetz auch andere Zeiten an, die wie Beitragszeiten aufgrund einer solchen Beschäftigung vollwertig als Pflichtversicherungszeiten auf die Wartezeit angerechnet werden. Hierzu gehören etwa Zeiten der Kindererziehung – bei Geburten vor dem 1.1.1992 ein Jahr (das erste Jahr nach der Geburt) und bei Geburten ab diesem Zeitpunkt drei Jahre (die ersten drei Jahre nach der Geburt) für jedes Kind: Zwillinge bringen also eine Pflichtbeitragszeit von sechs Jahren. Die Beiträge zahlt der Bund (§§ 3 Nr. 1, 56, 249 SGB VI; lesen Sie hierzu im Ratgeber „Gesetzliche Rente" das Kapitel „Die rentenrechtlichen Zeiten" und dort „Kindererziehungszeiten"). Neben den Kindererziehungszeiten sind auch Zeiten des Bezugs von Arbeitslosengeld, Krankengeld, Verletztengeld, Versorgungskrankengeld, Übergangsgeld, Unterhaltsgeld, Arbeitslosenhilfe und Vorruhestandsgeld, Zeiten des Wehr- und Zivildienstes sowie ab dem 1.4.1995 auch Zeiten der nicht erwerbsmäßigen Pflege eines Pflegebedürftigen (§ 3 Nr. 1 a SGB VI) und vom 1.1.2005 bis zum 31.12.2010 zurückgelegte Zeiten des Bezugs von Arbeitslosengeld II (§ 3 Nr. 3 a SGB VI) Pflichtbeitragszeiten, die voll auf die Wartezeit anzurechnen sind (lesen Sie bei Bedarf zur Vertiefung in dem Ratgeber „Gesetzliche Rente" das Kapitel „Die rentenrechtlichen Zeiten"). Zeiten des Bundesfreiwilligendienstes sind als Beschäftigungszeiten ebenfalls Pflichtbeitragszeiten.

Auch Zeiten der Kindererziehung, des Wehr- und Zivildienstes sind Pflichtbeitragszeiten

02

Altersrenten werden vom 1. des Monats an gezahlt, an dem alle Voraussetzungen für den Rentenanspruch erfüllt sind (§ 99 Abs. 1 SGB VI). Hat zum Beispiel ein Versicherter am 3.2.2012 die Regelaltersgrenze erreicht und auch die allgemeine Wartezeit zurückgelegt, dann ist die Rente ab dem 1.3.2012 zu zahlen.

Falls vorher keine Erwerbsminderungsrente gezahlt wurde, müssen Sie einen Antrag auf Gewährung der Regelaltersrente stellen. Es gilt der Grundsatz: ohne Antrag keine Rente. Wurde

Rentenantrag

vor Erreichen der Regelaltersgrenze eine Erwerbsminderungsrente bezogen, bewilligt der Rentenversicherungsträger die
Regelaltersrente – ohne Antrag – von Amts wegen.

Beim Rentenantrag ist darauf zu achten, dass dieser unbedingt noch zeitgerecht, das heißt spätestens innerhalb von
drei Monaten nach Ablauf des Monats der Vollendung der
Regelaltersgrenze gestellt wird. Nur dann ist sichergestellt,
dass die Rente ab dem 1. des Monats nach Vollendung der
Regelaltersgrenze gezahlt wird. Wird der Rentenantrag nicht
innerhalb dieser drei Monate gestellt, wird die Rente erst vom
Beginn des Antragsmonats an geleistet. Achten Sie also auf
die rechtzeitige Rentenantragstellung.

Hat ein Versicherter, der im Januar die Regelaltersgrenze erreicht
hat, die Rente erst am 7.6. beantragt, kann ihm die Rente erst
vom 1.6. an bewilligt werden. Nur bei Antragstellung bis zum 30.4. einschließlich, also innerhalb von drei Monaten nach Ablauf des Monats der Vollendung
der Regelaltersgrenze, hätte er Anspruch auf die Rente ab dem 1.2.

Um sicherzustellen, dass die Rentenzahlungen bereits mit
Vollendung der Regelaltersgrenze beginnen können, sollte der
Rentenantrag drei bis vier Monate vorher gestellt werden. Die
Rentenversicherungsträger benötigen diese Bearbeitungszeit
erfahrungsgemäß selbst dann, wenn alle Voraussetzungen für
den Rentenanspruch klar erfüllt sind. Bestehen Unklarheiten,
zum Beispiel ob die Wartezeit erfüllt ist, sodass noch Ermitt-
lungen erforderlich werden, sind längere Bearbeitungszeiten zu
erwarten. In diesem Fall empfiehlt es sich, den Antrag noch früher bzw. vorher einen Antrag auf Kontenklärung zu stellen (vgl.
hierzu das Kapitel „Rentenauskunft und Kontenklärung" im
Ratgeber „Gesetzliche Rente"). Da für Rentenanträge keine bestimmte Form vorgeschrieben ist, würde es ausreichen, wenn
Sie dem zuständigen Rentenversicherungsträger in einem Brief
oder auf einer Postkarte schreiben, dass Sie Rente beantragen.

Name des Rentenversicherungsträgers
Straße, Hausnummer
PLZ, Ort
Versicherungsnummer

Ich bin am (Datum) geboren und bitte, mit Vollendung der Regelaltersgrenze die Regelaltersrente zu bewilligen.

02

Datum, Ort
Unterschrift

Bei Schreiben an einen Rentenversicherungsträger müssen
Sie immer Ihre Versicherungsnummer angeben, wenn Sie
Ihnen bekannt ist. Die Versicherungsnummer wird im Regel-
fall mit der ersten Aufnahme einer Beschäftigung vergeben.
Falls Sie die im Beispiel beschriebene 3-Monats-Frist schon
beinahe oder tatsächlich versäumt haben, sollten Sie schleu-
nigst den Rentenantrag (möglichst per Fax) stellen, um Ihre
Rentenansprüche zu sichern. Besser ist es allerdings, wenn
Sie die Antragsvordrucke der Rentenversicherungsträger be-
nutzen, die Sie in diesem Ratgeber abgedruckt finden und die
Sie auch im Internet (auf der Seite der Deutschen Rentenversi-
cherung) abrufen und dort online ausfüllen können. Wenn Sie
einen formlosen Antrag (zum Beispiel mit Brief oder Postkarte)
gestellt haben, übersendet Ihnen der Rentenversicherungsträger einen Antragsvordruck. Falls Sie mit dem Ausfüllen dieses
Vordrucks Schwierigkeiten haben, wenden Sie sich an eine
Auskunfts- und Beratungsstelle eines Trägers der Deutschen
Rentenversicherung an Ihrem Wohnort oder an Ihr örtliches
Versicherungsamt bei der Stadtverwaltung. Dort wird man
Ihnen behilflich sein; man ist verpflichtet, Sie umfassend zu
beraten. Was beim Rentenantrag alles zu beachten ist, wo und
wie er gestellt werden kann und welche Unterlagen beizufü-
gen sind, können Sie auch in dem Ratgeber „Gesetzliche Ren-
te" im Kapitel „Der Rentenantrag" nachlesen.

Antragsvordruck
nutzen

DIE ALTERSRENTE FÜR BESONDERS LANGJÄHRIG VERSICHERTE

Keine Anhebung
der Altersgrenze für
besonders langjährig
Versicherte

Von der Anhebung der Altersgrenze des 65. Lebensjahres auf das 67. Lebensjahr ab dem 1.1.2012 gibt es eine Ausnahme: Versicherte, die in ihrem Leben eine Pflichtbeitragszeit von 45 Jahren zurückgelegt haben, können die Altersrente auch ab 2012 weiterhin bereits mit Vollendung des 65. Lebensjahres beanspruchen. Die ihnen gewährte Rente nennt sich „Altersrente für besonders langjährig Versicherte". Diese Rente ist bereits seit dem 1.1.2008 im Gesetz geregelt (§ 38 SGB VI), kann aber frühestens ab dem 1.1.2012 beansprucht werden. Die Altersrente für besonders langjährig Versicherte soll Rentner „belohnen", die für einen besonders langen Zeitraum, nämlich für eine Zeit von insgesamt 45 Jahren, Pflichtbeiträge in die gesetzliche Rentenversicherung eingezahlt bzw. vom Gesetz als Pflichtbeitragszeiten anerkannte Zeiten (···> Seite 35) zurückgelegt haben. Diese – neben dem Alter von 65 Jahren – zweite Anspruchsvoraussetzung für die Altersrente für besonders langjährig Versicherte bezeichnet das Gesetz als die „45-jährige Wartezeit". Auch diese Altersrente wird nur auf Antrag gewährt (···> Seite 35).

Wartezeit von
45 Jahren

Auf die Wartezeit von 45 Jahren werden zunächst nur Kalendermonate angerechnet, die mit Pflichtbeiträgen belegt sind, etwa solchen, die aufgrund einer versicherungspflichtigen Beschäftigung als Arbeitnehmer oder als versicherungspflichtiger Selbstständiger (···> Seite 32) entrichtet worden sind. Außerdem werden auf diese Wartezeit alle anderen vom Gesetz anerkannten Pflichtbeitragszeiten angerechnet, wie zum Beispiel Zeiten der Kindererziehung, Zeiten des Bezugs von Krankengeld, Verletztengeld, Versorgungskrankengeld, Übergangsgeld, Unterhaltsgeld, Vorruhestandsgeld, Zeiten des Wehr- und Zivildienstes sowie ab dem 1.4.1995 zurückgelegte Zeiten der nicht erwerbsmäßigen Pflege eines Pflegebedürftigen. Hier nicht angerechnet werden jedoch Pflichtbeitragszeiten wegen des Bezugs von Arbeitslosengeld, Arbeitslosenhilfe oder Arbeitslosengeld II sowie nach einer Scheidung übertragene Zeiten des Versorgungsausgleichs und freiwillige Beiträge (····} Seite 31; im Ratgeber „Gesetzliche Rente" das Kapitel „Beitragszeiten", dort „Versicherungspflicht").

02

Neben den oben genannten Pflichtbeitragszeiten werden auf die Wartezeit von 45 Jahren auch sogenannte Berücksichtigungszeiten angerechnet. Das ist eine bisher in diesem Buch noch nicht besprochene rentenrechtliche Zeit. Berücksichtigungszeiten sind Zeiten der Kindererziehung von der Geburt bis zum zehnten Lebensjahr des Kindes. Diese Feststellung kommt für Sie vielleicht überraschend, denn bisher haben Sie gelesen, dass Kindererziehungszeiten Pflichtbeitragszeiten sind, die auf die 45-jährige Wartezeit angerechnet werden. Auch das ist richtig. Die Zeiten der Kindererziehung erfüllen nämlich in der Rentenversicherung eine doppelte Funktion. Sie haben zum einen den Charakter einer Pflichtbeitragszeit – je nachdem, ob das Kind vor oder ab dem 1.1.1992 geboren wurde – in einem Umfang von einem oder drei Jahren (jeweils das erste Jahr bzw. die ersten drei Jahre nach der Geburt pro Kind), die auf alle Wartezeiten angerechnet werden. Darüber hinaus sind Kindererziehungszeiten Berücksichtigungszeiten bis zum vollendeten zehnten Lebensjahr des Kindes, die unter anderem auf die 45-jährige Wartezeit angerechnet werden (lesen Sie bei Bedarf zur Vertiefung in dem Ratgeber „Gesetzliche Rente" das Kapitel „Die rentenrechtlichen Zeiten", Abschnitt „Die Berücksichtigungszeiten"; dort können Sie auch nachlesen, welche sonstigen rentenrechtlichen Funktionen Berücksichtigungszeiten haben). Auch wenn für Berücksichtigungszeiten keine Beiträge gezahlt werden, sind sie auf bestimmte Wartezeiten anzurechnen, wie erwähnt etwa auf die 45-jährige Wartezeit, nicht hingegen auf die allgemeine Wartezeit, die für die Regelaltersrente Voraussetzung ist (····} Seite 32).

Auch Berücksichtigungszeiten werden angerechnet

Zehn Jahre Kindererziehungszeit

Hat eine Versicherte 10 Jahre versicherungspflichtig gearbeitet, danach 5 Jahre Lohnersatzleistungen wie zum Beispiel Krankengeld und Übergangsgeld bezogen, anschließend ihr Kind erzogen, um nach 12 Jahren wieder 20 Jahre einer versicherungspflichtigen Erwerbstätigkeit nachzugehen, dann hätte sie die Wartezeit von 45 Jahren erfüllt, weil all diese Zeiten (die Zeit der Kindererziehung als Berücksichtigungszeit in einem Umfang von zehn Jahren) auf diese Wartezeit anzurechnen sind. Die Versicherte könnte auch nach 2012 (weiterhin bereits) mit Vollendung des 65. Lebensjahres die Altersrente für besonders langjährig Versicherte in Anspruch nehmen.

DIE ALTERSRENTE FÜR SCHWERBEHINDERTE MENSCHEN

Es gibt Altersrenten, die bereits vor Erreichen der Regelaltersgrenze bzw. – wie im (Ausnahme-)Fall der Rente für besonders langjährig Versicherte – vor dem 65. Lebensjahr beansprucht werden können. Eine dieser Renten ist die Altersrente für schwerbehinderte Menschen. Versicherte haben Anspruch auf diese Rente, wenn sie bei Beginn der Rente schwerbehindert sind und die Wartezeit von 35 Jahren erfüllt haben. Natürlich muss auch die Rente für schwerbehinderte Menschen beantragt werden (---> zur besonderen Bedeutung des Rentenantrags bei dieser Rente ab Seite 42). Die Altersrente für schwerbehinderte Menschen konnte bis zum 31.12.2011 noch mit Vollendung des 60. Lebensjahres in Anspruch genommen werden. Die Altersgrenze des 60. Lebensjahres als frühester Rentenbeginn wird allerdings ab dem 1.1.2012 angehoben (---> Einzelheiten Seite 44). Lassen Sie uns hier zunächst die übrigen Anspruchsvoraussetzungen für die Altersrente für Schwerbehinderte klären.

Wartezeit von
35 Jahren

Das Gesetz verlangt für die Gewährung der Altersrente für Schwerbehinderte – außer dem Mindestalter und neben der Schwerbehinderung –, dass der Versicherte eine Wartezeit von 35 Jahren zurückgelegt hat (§§ 37, 236 a SGB VI). Auf diese Wartezeit werden wie auch auf alle anderen Wartezeiten insbesondere Pflichtbeiträge angerechnet, die aufgrund einer versicherungspflichtigen Beschäftigung als Arbeitnehmer oder als versicherungspflichtiger Selbstständiger entrichtet worden sind. Außerdem werden alle anderen vom Gesetz anerkannten Pflichtbeitragszeiten angerechnet, wie zum Beispiel Zeiten der Kindererziehung (···⟩ Seite 39), Zeiten des Bezugs von Krankengeld, Verletztengeld, Versorgungskrankengeld, Übergangsgeld, Unterhaltsgeld, Vorruhestandsgeld, Arbeitslosengeld, Arbeitslosenhilfe und Arbeitslosengeld II (Letzteres, soweit es zwischen dem 1.1.2005 und dem 31.12.2010 bezogen wurde), Zeiten des Wehr- und Zivildienstes sowie ab dem 1.4.1995 zurückgelegte Zeiten der nicht erwerbsmäßigen Pflege eines Pflegebedürftigen. Für diese Zeiten des Bezugs von Lohnersatzleistungen werden nämlich auch Beiträge in die gesetzliche Rentenversicherung eingezahlt. Ebenso werden freiwillige Beiträge und Berücksichtigungszeiten angerechnet (···⟩ Seite 39; zur Vertiefung gegebenenfalls im Ratgeber „Gesetzliche Rente" das Kapitel „Die rentenrechtlichen Zeiten"). Schließlich werden auf die 35-jährige Wartezeit noch Zeiten angerechnet, die das Gesetz als „Anrechnungszeiten" bezeichnet. Auch für diese Zeiten werden – wie auch für Berücksichtigungszeiten – keine Beiträge gezahlt. Diese Zeiten haben gleichwohl in der Regel Bedeutung für die Rentenhöhe und werden auch auf die 35-jährige Wartezeit angerechnet. Es handelt sich dabei zum Beispiel um Zeiten des Schul-, Fachschul- oder Hochschulbesuchs nach dem 17. Lebensjahr (insgesamt höchstens acht Jahre), Zeiten der Schwangerschaft und Mutterschaft während der Schutzfristen nach dem Mutterschutzgesetz (in der Regel sechs Wochen vor und acht Wochen nach der Geburt), Zeiten der Krankheit zwischen dem 17. und dem 25. Lebensjahr, Zeiten, in denen eine Kur oder Umschulungsmaßnahme absolviert wurde, ohne dass für diese Zeit Übergangsgeld als Lohnersatzleistung gezahlt wurde, oder auch Zeiten des Bezugs von Arbeitslosengeld II ab dem 1.1.2011 (lesen Sie bei Bedarf zur Vertiefung in dem Ratgeber

02

Lohnersatzleistungen

Anrechnungszeiten

„Gesetzliche Rente" das Kapitel „Die rentenrechtlichen Zeiten", dort „Beitragsfreie Zeiten"/„Die Anrechnungszeiten").

Schwerbehinderung

Außer dem Erreichen der maßgeblichen Altersgrenze (des 60. Lebensjahres bis zum 31.12.2011 und des Lebensalters nach der Tabelle auf Seite 45 für die Zeit ab dem 1.1.2012) und der Wartezeit von 35 Jahren setzt der Rentenanspruch voraus, dass der Versicherte bei Rentenbeginn schwerbehindert ist. Schwerbehinderte sind Versicherte, denen von der je nach Bundesland zuständigen Behörde ein Grad der Behinderung von zumindest 50 v. H. zuerkannt worden ist. Die Schwerbehinderteneigenschaft wird in der Regel durch den Schwerbehindertenausweis bzw. den entsprechenden Bescheid der jeweiligen Behörde nachgewiesen. Ausreichend ist aber auch ein Bescheid einer Berufsgenossenschaft, der aufgrund eines Arbeitsunfalls oder einer Berufskrankheit einen Grad der Minderung der Erwerbsfähigkeit von 50 v. H. ausweist. Ebenso genügen entsprechende Feststellungen in sozialgerichtlichen Verfahren. Nicht ausreichend ist der Fall der Gleichstellung wegen drohender Kündigung eines Behinderten mit einem Grad der Behinderung von 30 v. H. mit einem Schwerbehinderten. Die Schwerbehinderung muss zu Beginn der Rentenbewilligung vorliegen, wobei auch die rückwirkende Anerkennung ausreicht.

Hat ein Versicherter, der die erforderliche Wartezeit von 35 Jahren zurückgelegt hat, mit Vollendung des 60. Lebensjahres im Januar 2011 Altersrente beantragt, so ist ihm diese Rente rückwirkend ab dem 60. Lebensjahr zu gewähren, wenn der zunächst abgelehnte Schwerbehindertenausweis erst in einem späteren Klageverfahren vor dem Sozialgericht rückwirkend ab Januar 2011 oder ab einem davor liegenden Zeitpunkt zuerkannt wird.

Rentenantragstellung

Da die Altersrente für Schwerbehinderte – wie alle anderen Renten auch – nur aufgrund eines rechtzeitig gestellten Rentenantrags geleistet wird, sollten Sie darauf achten, vorsorglich einen Antrag auf eine Altersrente für Schwerbehinderte (bei Erfüllung der Wartezeit von 35 Jahren) auch schon dann zu stellen, wenn die Anerkennung der Schwerbehinderung bereits beantragt wurde, ein entsprechender positiver Bescheid der zuständigen Behörde jedoch noch nicht vorliegt oder wenn über die Schwerbehinderung noch gestritten wird (zum Beispiel im Widerspruchsverfahren oder in einem Rechtsstreit vor dem Sozialgericht). Wird Ihnen die Schwerbehinderung nämlich im Rahmen solcher (noch anhängiger) Verfahren rückwirkend zuerkannt, so führt dies nicht automatisch dazu, dass Sie auch rückwirkend Anspruch auf eine Rente haben. Diese setzt immer einen vorherigen Antrag voraus. Ohne Antrag keine Rente!

02

Fällt die Schwerbehinderung weg, nachdem die Altersrente bewilligt worden ist, weil sich zum Beispiel der Gesundheitszustand des Rentners gebessert hat und deshalb die Schwerbehinderung nicht mehr vorliegt, bleibt der Rentenanspruch gleichwohl bestehen. Die Rente darf wegen des Wegfalls der Schwerbehinderung nicht entzogen werden. Wird jedoch die Altersrente aus anderen Gründen entzogen, zum Beispiel weil der Versicherte die zulässige Höchsthinzuverdienstgrenze für diese Rente überschritten hat (···≯ Seite 47; in dem Ratgeber „Gesetzliche Rente" das Kapitel „Altersrenten und Hinzuverdienst"), dann müssen bei erneuter Antragstellung wieder alle Voraussetzungen für die Rentengewährung vorliegen, also auch die Schwerbehinderung. Ist das nicht der Fall, besteht kein Anspruch auf die erneute Gewährung der Altersrente für schwerbehinderte Menschen.

> Wegfall der Schwerbehinderung

Die Altersrente für Schwerbehinderte konnte – wie bereits erwähnt – bis zum 31.12.2011 noch ab Vollendung des 60. Lebensjahres in Anspruch genommen werden.

Ab dem 1.1.2012 kann die Altersrente für Schwerbehinderte nicht mehr ab Vollendung des 60. Lebensjahres beansprucht werden: Die Altersgrenze des 60. Lebensjahres wird von die-

> Anhebung der Altersgrenze ab 2012

sem Zeitpunkt an bis 2029 schrittweise auf das 62. Lebensjahr angehoben. Der vorzeitige Rentenbezug hat weiterhin
Rentenabschläge zur Folge. Bis zum 31.12.2011 musste jeder
Rentner, der die Rente vor dem 63. Lebensjahr (frühestens ab
60) in Anspruch nahm, für jeden Monat des vorzeitigen Rentenbezugs einen Abschlag von 0,3 Prozent in Kauf nehmen.
Bei Bezug der Rente zum Beispiel ab dem 61. Lebensjahr und
damit 24 Monate vor dem 63. Lebensjahr wäre die Rente um
7,2 Prozent (24 x 0,3 Prozent) gekürzt worden. Gleichzeitig mit
der Anhebung der Altersgrenze des 60. Lebensjahrs als frühst-
möglicher Rentenbeginn ab 2012 wird auch das Alter des abschlagsfreien Rentenbezugs vom 63. auf das 65. Lebensjahr
angehoben. Im Einzelnen gilt Folgendes:

Für Versicherte der Geburtsjahrgänge 1951 und älter konnte die Altersrente für schwerbehinderte Menschen weiterhin
(frühestens) mit Vollendung des 60. Lebensjahres in Anspruch
genommen werden, wobei – wie bereits erwähnt – jeder Monat des Rentenbezugs vor Vollendung des 63. Lebensjahres zu
einem Rentenabschlag von 0,3 Prozent führt.

Für Versicherte der Geburtsjahrgänge 1952 und jünger
gilt die Tabelle auf Seite 45. So lesen Sie die Tabelle: Ein Versicherter des Geburtsjahrgangs 1957 zum Beispiel kann die
Altersrente für Schwerbehinderte nicht mehr – wie noch
die Jahrgänge 1951 und älter – ab 60, sondern frühestens
ab einem Alter von 60 Jahren und 11 Monaten erhalten. Abschlagsfrei würde die Rente erst ab einem Alter von 63 Jahren
und 11 Monaten gezahlt, sodass er für jeden Monat des Bezugs vor Erreichen dieser Altersgrenze einen Rentenabschlag
von 0,3 Prozent in Kauf nehmen müsste. Ein Versicherter, der
zum Beispiel zwischen Juni und Dezember 1952 geboren ist,
kann die Rente frühestens ab einem Alter von 60 Jahren und
6 Monaten beanspruchen. Die abschlagsfreie Rentengewährung wäre ab Erreichen der Altersgrenze von 63 Jahren und
6 Monaten möglich, sodass ein Rentenbezug vor diesem Alter

wiederum einen Rentenabschlag von 0,3 Prozent pro Monat des vorzeitigen Rentenbezugs zur Folge hätte. Der Abschlag bleibt auf Dauer bestehen. Ein späterer Wechsel in eine andere Rente mit einem geringeren oder ohne Abschlag ist nur in Ausnahmefällen möglich. Versicherte des Jahrgangs 1964 und jünger können die Altersrente für Schwerbehinderte frühestens ab Vollendung des 62. Lebensjahres in Anspruch nehmen. Der abschlagsfreie Rentenbezug ist für diese Jahrgänge erst ab 65 möglich.

02

Versicherte Geburtsjahr Geburtsmonat	Anhebung um Monate	auf Alter	Vorzeitige Inanspruchnahme möglich ab Alter
		Jahre + Monate	Jahre + Monate
1952			
Januar	1	63 + 1	60 + 1
Februar	2	63 + 2	60 + 2
März	3	63 + 3	60 + 3
April	4	63 + 4	60 + 4
Mai	5	63 + 5	60 + 5
Juni bis Dezember	6	63 + 6	60 + 6
1953	7	63 + 7	60 + 7
1954	8	63 + 8	60 + 8
1955	9	63 + 9	60 + 9
1956	10	63 + 10	60 + 10
1957	11	63 + 11	60 + 11
1958	12	64 + 0	61 + 0
1959	14	64 + 2	61 + 2
1960	16	64 + 4	61 + 4

1961	18	64 + 6	61 + 6
1962	20	64 + 8	61 + 8
1963	22	64 + 10	61 + 10

Vertrauensschutz für rentennahe Jahrgänge

Die Altersgrenzen werden nicht für Schwerbehinderte angehoben, die bereits am 1.1.2007 als Schwerbehinderte anerkannt waren, vor dem 1.1.1955 geboren sind und vor dem 1.1.2007 Altersteilzeitarbeit im Sinne des Altersteilzeitgesetzes vereinbart haben oder Anpassungsgeld für entlassene Arbeitnehmer des Bergbaus bezogen haben.

Tipp

Falls Sie Ausgleichszahlungen in Erwägung ziehen, müssen Sie sich von Ihrem Rentenversicherungsträger beraten lassen. Die zu erbringenden Zahlungen sind jedoch in der Regel sehr hoch und die Entscheidung, ob man die Beiträge zahlen sollte, hängt unter anderem von der eigenen Lebenserwartung ab, die sich ja bekanntlich nicht zuverlässig einschätzen lässt.

Die durch den vorzeitigen Rentenbezug entstehenden Abschläge können durch die Zahlung von Beiträgen in die gesetzliche Rentenversicherung (ganz oder zum Teil) ausgeglichen werden. Diese Beiträge sind – obwohl die Zahlung freiwillig ist – rentenrechtlich weder freiwillige Beiträge noch Pflichtbeiträge. Sie werden auf keine Wartezeit angerechnet. Die Beiträge dienen allein dem Ausgleich der Abschläge, die Folge des vorzeitigen Rentenbezugs sind. Die Beiträge müssen spätestens bis zur Regelaltersgrenze gezahlt worden sein. Vor der Beitragszahlung muss der Versicherte bei seinem Rentenversicherungsträger eine Auskunft über die Höhe der zum Ausgleich der Abschläge zu entrichtenden Beiträge einholen. Diese Auskunft kann ab dem 55. Lebensjahr und damit auch schon vor dem Bezug einer Altersrente beantragt werden. Eine Berechnung der Höhe der zum Ausgleich der jeweiligen Abschläge notwendigen Beiträge kann hier nicht dargestellt werden, da dies eine Erörterung aller Einzelheiten der Rentenberechnung voraussetzen würde – was den Rahmen dieses Buchs sprengen würde.

Rente, Weiterarbeit und Hinzuverdienst

Auch wenn Sie Altersrente für Schwerbehinderte beziehen, können Sie wie bei jeder Altersrente als abhängig Beschäftigter oder Selbstständiger arbeiten und Geld hinzuverdienen. Das Einkommen wird jedoch ab einer bestimmten Höhe auf

die Rente angerechnet. Erst ab Erreichen der Regelaltersgrenze können Sie unbegrenzt hinzuverdienen. Eine Einkommensanrechnung findet dann nicht mehr statt. Für die
Einkommensanrechnung bis zur Regelaltersgrenze gelten folgende Grundsätze: Ein Einkommen von 400 Euro und weniger
im Monat ist unbeachtlich und führt zu keiner Minderung der
Rente. Verdienen Sie mehr als 400 Euro (1 Cent mehr reicht
aus), wird die Altersrente nur noch in Höhe von zwei Drittel
der Vollrente gezahlt. Maßgeblich sind dabei Ihre Bruttoeinkünfte. Höhere Einkünfte können dazu führen, dass die Rente
noch weiter gemindert wird und nur noch die Hälfte oder ein
Drittel der Vollrente gezahlt wird oder die Rente auch ganz
wegfällt.

02

Rentenbruchteile

Für jeden dieser Rentenbruchteile sind Hinzuverdienstgrenzen
zu berechnen, die für jeden Rentner unterschiedlich hoch sind,
da sie unter anderem vom individuellen Einkommen des Rentners in den letzten drei Jahren vor Rentenbeginn abhängen.
Wird durch die neben der Rente erzielten Einkünfte Ihre individuelle Hinzuverdienstgrenze für die 2/3-Rente überschritten, wird die Rente nur noch in Höhe der Hälfte der Vollrente
gezahlt. Überschreiten Sie die für Sie berechnete Hinzuverdienstgrenze für die 1/2-Rente, wird die Rente nur in Höhe von
einem Drittel der Vollrente gezahlt. Wird die Hinzuverdienstgrenze für die 1/3-Rente überschritten, besteht kein Anspruch
auf Altersrente. Einzelheiten und Beispiele zur Berechnung der
Hinzuverdienstgrenzen können Sie in dem Ratgeber „Gesetzliche Rente" im Kapitel „Altersrente und Hinzuverdienst" nachlesen. Falls Sie bereits Rentner sind, können Sie die für Sie
maßgeblichen Hinzuverdienstgrenzen für die 2/3-Rente, die
1/2-Rente und die 1/3-Rente Ihrem Rentenbescheid entnehmen. Vor Aufnahme einer Erwerbstätigkeit sollten Sie jedoch
zur Vermeidung unnötiger Renteneinbußen und Schwierigkeiten die für Sie maßgeblichen Hinzuverdienstgrenzen beim
Rentenversicherungsträger erfragen.

Hinzuverdienstgrenzen

Vorsicht

Sie sind im Übrigen verpflichtet, dem Rentenversicherungsträger mitzuteilen, wenn Sie neben der Rente arbeiten und hinzuverdienen. Tun Sie dies nicht und stellt sich später heraus, dass Sie neben der Rente Einkommen erzielt haben, das zu einer Minderung des Rentenanspruchs führte, müssen Sie die zu viel gezahlte Rente zurückzahlen.

Der Anspruch auf Altersrente für Schwerbehinderte besteht also, wenn folgende Fragen bejaht werden können:

	ja	nein
1. Hat der Versicherte das nach der Tabelle auf Seite 45 maßgebliche Lebensalter erreicht?	☐	☐
2. Ist er (bei Rentenbeginn) schwerbehindert?	☐	☐
3. Hat er außerdem die Wartezeit von 35 Jahren zurückgelegt?	☐	☐
4. Ist der Rentenantrag gestellt?	☐	☐
5. Wird die Höchsthinzuverdienstgrenze (die Hinzuverdienstgrenze für die 1/3-Rente) nicht überschritten?	☐	☐

DIE ALTERSRENTE FÜR LANGJÄHRIG VERSICHERTE

Ebenso wie die Altersrente für Schwerbehinderte eröffnet auch die Altersrente für langjährig Versicherte die Möglichkeit des vorzeitigen Rentenbezugs. Diese Rente kann jedoch frühestens vom 63. Lebensjahr an beansprucht werden und setzt neben dem Erreichen dieser Altersgrenze voraus, dass die 35-jährige Wartezeit erfüllt ist. Auch die Altersrente für langjährig Versicherte wird nur auf Antrag gewährt (⋯⊱ ab Seite 35).

Rentenbeginn ab 63 auch in Zukunft

Ein Rentenbeginn (frühestens) mit Vollendung des 63. Lebensjahres ist auch über das Jahr 2012 hinaus weiterhin möglich, obwohl ab dem 1.1.2012 – wie Sie bereits lesen konnten – die Regelaltersgrenze vom 65. auf das 67. Lebensjahr und auch die für andere Renten maßgeblichen Altersgrenzen (wie zum Beispiel die Altersgrenze des 60. Lebensjahres bei der Altersrente für Schwerbehinderte) angehoben werden (⋯⊱ ab Seite 45). Das (vorzeitige) Renteneintrittsalter des 63. Lebensjahres für die Altersrente für langjährig Versicherte bleibt also auch zukünftig bestehen.

Der vorzeitige Bezug der Altersrente für langjährig Versicherte hat ebenfalls Rentenabschläge zur Folge. Die Höhe des Rentenabschlags ergibt sich aus dem Alter des Rentners bei Rentenbeginn (frühestens 63) und der zu diesem Zeitpunkt maßgeblichen Regelaltersgrenze: Für jeden Monat des Rentenbeginns vor der Regelaltersgrenze muss der Rentner einen Rentenabschlag von 0,3 Prozent in Kauf nehmen. Da – wie bei der Darstellung der Regelaltersrente bereits ausgeführt – bis zum 31.12.2011 das 65. Lebensjahr die Regelaltersgrenze darstellte, war die Altersrente für langjährig Versicherte bei einem Rentenbeginn bis zu diesem Zeitpunkt mit Vollendung des 63. Lebensjahres um einen Rentenabschlag in Höhe von 7,2 Prozent (24 Monate des Rentenbezugs vor dem 65. Lebensjahr x 0,3 Prozent = 7,2 Prozent) zu mindern.

Höhe der Abschläge

02

Mit Anhebung der Regelaltersgrenze ab dem Jahr 2012 erhöhen sich jedoch auch die Rentenabschläge einer vorzeitig bezogenen Altersrente für langjährig Versicherte. Da die Regelaltersgrenze vom 1.1.2012 bis zum 31.12.2028 schrittweise auf das 67. Lebensjahr angehoben wird (⤳ Seite 29), ist bei einem Beginn der Altersrente für langjährig Versicherte ab dem 1.1.2012 auch nicht mehr das 65. Lebensjahr die maßgebliche Regelaltersgrenze und für die Berechnung des Rentenabschlags heranzuziehen, sondern die jeweils bei Rentenbeginn geltende Regelaltersgrenze, die sich einschließlich der höheren Abschläge für die Altersrente für langjährig Versicherte aus der folgenden Tabelle ergibt. Davon betroffen sind die Geburtsjahrgänge 1949 bis einschließlich 1963.

Höhere Abschläge ab 2012

So lesen Sie die Tabelle auf Seite 50: Ist ein Versicherter zum Beispiel 1951 geboren, dann erreicht er die Regelaltersgrenze erst mit 65 Jahren und 5 Monaten, sodass er auch die Altersrente für langjährig Versicherte erst ab diesem Alter abschlagsfrei in Anspruch nehmen kann. Bezieht er sie ab 63, also 29 Monate eher, beträgt der Abschlag 8,7 Prozent (29 x 0,3 Prozent). Für Versicherte, die zum Beispiel zwischen März und Dezember 1949 geboren sind, ist die Regelaltersgrenze mit 65 Jahren und 3 Monaten erreicht, sodass ihnen Altersrente für langjährig Versicherte ab 63 mit einem Abschlag von 8,1 Prozent (27 Monate vor der Regelaltersgrenze x 0,3 Prozent) gezahlt wird. Der Abschlag bleibt auf Dauer bestehen. Der spätere Wechsel in eine andere Altersrente mit einem geringeren oder ohne Abschlag ist nur in Ausnahmefällen möglich. Ab dem 1.1.2029 kann die Altersrente für langjährig Versicherte weiterhin (frühestens) mit 63 beansprucht werden, abschlagsfrei jedoch erst ab 67. Der Abschlag bei einer Rentengewährung ab 63, also 48 Monate vor Erreichen des 67. Lebensjahres, beträgt dann 14,4 Prozent (48 x 0,3 Prozent). Von dieser ab 2029 geltenden Regelung sind die Jahrgänge 1964 und jünger betroffen.

Geburtsjahr/ Geburtsmonat	Anhebung	
	um Monate	Jahre + Monate
1949		
Januar	1	65 + 1
Februar	2	65 + 2
März bis Dezember	3	65 + 3
1950	4	65 + 4
1951	5	65 + 5
1953	6	65 + 6
1953	7	65 + 7
1954	8	65 + 8
1955	9	65 + 9
1956	10	65 + 10
1957	11	66 + 11
1958	12	66 + 0
1959	14	66 + 2
1960	16	66 + 4
1961	18	66 + 6
1962	20	66 + 8
1963	22	66 + 10

Die Altersgrenze für die abschlagsfreie Rentengewährung wird nicht auf das 67. Lebensjahr angehoben, wenn Versicherte vor dem 1.1.1955 geboren sind und vor dem 1.1.2007 Altersteilzeitarbeit im Sinne des Altersteilzeitgesetzes vereinbart haben oder Anpassungsgeld für entlassene Arbeitnehmer des Bergbaus bezogen haben. Diese Personen erhalten die Rente weiter abschlagsfrei ab 65 und nicht erst ab 67, sodass auch bei einem

Rentenbeginn ab 2012 die Rentenabschläge im Falle eines vorzeitigen Rentenbezugs geringer ausfallen.

Die Wartezeit von 35 Jahren als Anspruchsvoraussetzung für eine Altersrente wurde bereits oben im Rahmen der Altersrente für Schwerbehinderte besprochen, die ebenfalls nur bei Vorliegen der 35-jährigen Wartezeit gewährt wird. Lesen Sie deshalb bitte die Ausführungen zur Wartezeit von 35 Jahren ab Seite 40, die uneingeschränkt auch für die Altersrente für langjährig Versicherte gelten.

Wartezeit von
35 Jahren

02

Auch wenn Sie Altersrente für langjährig Versicherte beziehen, können Sie wie bei jeder Altersrente als abhängig Beschäftigter oder Selbstständiger arbeiten und Geld hinzuverdienen. Das Einkommen wird jedoch ab einer bestimmten Höhe mit der Folge einer Rentenminderung auf die Rente angerechnet. Dabei gelten dieselben Anrechnungsgrundsätze wie bei der Altersrente für Schwerbehinderte (···⟩ Seite 47).

DIE ALTERSRENTE WEGEN ARBEITS-LOSIGKEIT ODER NACH ALTERSTEIL-ZEITARBEIT

Versicherte, die arbeitslos sind bzw. waren oder als Altersteilzeitbeschäftigter gearbeitet haben, können ebenfalls vorzeitig in Rente gehen. Sie können (frühestens) ab dem 63. Lebensjahr die Altersrente wegen Arbeitslosigkeit oder nach Altersteilzeitarbeit beanspruchen. Der Rentenanspruch setzt zunächst voraus, dass der Versicherte nach Vollendung eines Lebensalters von 58 Jahren und 6 Monaten insgesamt 52 Wochen arbeitslos war und bei Rentenbeginn arbeitslos ist. Außerdem muss der Rentenantragsteller vor Rentenbeginn eine Wartezeit von 15 Jahren erfüllt und in den letzten 10 Jahren vor

Anspruchsvoraussetzungen

Rentenbeginn 8 Jahre Pflichtbeiträge haben. Die Rente können auch Versicherte beanspruchen, die nicht arbeitslos waren, die jedoch – anstelle der Anspruchsvoraussetzung der Arbeitslosigkeit – eine mindestens 24-monatige Altersteilzeitarbeit nach dem Altersteilzeitgesetz ausgeübt haben und alle anderen oben genannten Anspruchsvoraussetzungen erfüllen.

Tipp

Bestimmte Personen konnten bzw. können die Altersrente wegen Arbeitslosigkeit oder nach Altersteilzeitarbeit im Jahr 2011 weiterhin ab 60 und ab 2012 weiterhin vor Vollendung des 63. Lebensjahres beanspruchen, und zwar Versicherte,

- die am 1.1.2004 arbeitslos waren,
- deren Arbeitsverhältnis aufgrund einer Kündigung oder Vereinbarung, die vor dem 1.1.2004 erfolgt ist, nach dem 31.12.2003 beendet worden ist,
- deren letztes Arbeitsverhältnis vor dem 1.1.2004 beendet worden ist und die am 1.1.2004 beschäftigungslos im Sinne des § 119 Abs. 1 Nr. 1 SGB III waren,
- die vor dem 1.1.2004 Altersteilzeitarbeit im Sinne des Altersteilzeitgesetzes vereinbart haben oder
- die Anpassungsgeld für entlassene Arbeitnehmer des Bergbaus bezogen haben.

Rente nur für Jahrgang 1951 und älter

Bis zum 31.12.2005 konnte die Altersrente wegen Arbeitslosigkeit oder nach Altersteilzeitarbeit schon ab dem 60. Lebensjahr beansprucht werden. Vom 1.1.2006 bis zum 31.12.2008 wurde dann das (frühestmögliche) Renteneintrittsalter des 60. Lebensjahres schrittweise auf das 63. Lebensjahr angehoben. Bei einem Rentenbeginn ab dem 1.1.2009 kann die Altersrente wegen Arbeitslosigkeit oder nach Altersteilzeitarbeit frühestens mit Vollendung des 63. Lebensjahres bewilligt werden.

Die Altersrente wegen Arbeitslosigkeit oder nach Altersteilzeitarbeit wird nur noch Versicherten gezahlt, die vor dem 1.1.1952 geboren sind, das heißt, ab dem 1.1.1952 Geborene haben keinen Anspruch auf diese Rente. Da die vor dem 1.1.1952 Geborenen spätestens am 31.12.2014 das 63. Lebensjahr vollendet haben, ist eine Inanspruchnahme der Altersrente wegen Arbeitslosigkeit oder nach Altersteilzeitarbeit ab 2015 bereits mit Vollendung des 63. Lebensjahres nicht mehr möglich. Die Rente kann aber auch dann noch von Versicherten der Jahrgänge 1951 und älter – aber eben erst nach dem 63. Lebensjahr – beansprucht werden und eröffnet weiterhin die Möglichkeit des vorzeitigen Rentenbeginns. Die vor dem 1.1.1952 Geborenen sind zwar ab 2015 schon älter als 63 Jahre, aber auch noch jünger als die dann für sie geltende Regelaltersgrenze. Diese beträgt zum Beispiel für einen Versicherten des Jahrgangs 1951 65 Jahre und 5 Monate (···⟩ Tabelle auf Seite 29 zur Anhebung der Regelaltersgrenze ab 2012) und erst ab dieser Altersgrenze könnten sie die Regelaltersrente als Alternative in Anspruch nehmen. Allerdings hat auch hier der vorzeitige Bezug der Altersrente einen Rentenabschlag von 0,3 Prozent für jeden Monat des vorzeitigen Rentenbeginns zur Folge.

02

Auch die Altersrente wegen Arbeitslosigkeit oder nach Altersteilzeitarbeit wird bei vorzeitigem Rentenbezug nur mit Abschlägen gezahlt. Sie kann ohne Abschläge erst ab Vollendung des 65. Lebensjahres in Anspruch genommen werden. Bei früherer Rentenbewilligung, frühestens ab dem 63. Lebensjahr bzw. bei Vertrauensschutzfällen (···⟩ Seite 52) auch vor dem 63. Lebensjahr, muss der Versicherte für jeden Monat des Rentenbezugs vor dem 65. Lebensjahr einen Rentenabschlag von 0,3 Prozent in Kauf nehmen. Auch hier bleibt der Abschlag auf Dauer bestehen. Auch ein späterer Wechsel in eine andere Altersrente mit einem geringeren oder ohne Abschlag ist nur in Ausnahmefällen möglich.

Rentenabschläge

Wird einem im Juni 1951 geborenen Versicherten die Altersrente wegen Arbeitslosigkeit oder nach Altersteilzeitarbeit mit Vollendung des 64. Lebensjahres im Juni 2015 gewährt, weil er alle Anspruchsvoraussetzungen für diese Rente erfüllt, dann erhielte er die Rente 12 Monate vor dem 65. Lebensjahr. Er müsste wegen des vorzeitigen Rentenbezugs einen Abschlag von 3,6 Prozent in Kauf nehmen, weil er die Altersrente wegen Arbeitslosigkeit oder nach Altersteilzeitarbeit 12 Monate vor dem 65. Lebensjahr in Anspruch nimmt. Erst wenn der Jahrgang 1951, der als letzter Jahrgang die Altersrente wegen Arbeitslosigkeit oder nach Altersteilzeitarbeit beanspruchen kann, das Alter von 65 Jahren und 5 Monaten erreicht hat, wird diese Rente für die Versicherten dieses Jahrgangs ohne Bedeutung sein, weil sie dann ohnehin die (abschlagsfreie) Regelaltersrente in Anspruch nehmen können.

Weitere Anspruchs-voraussetzungen

Die Rente – wie oben bereits erwähnt – wird nur gewährt, wenn der Rentenantragsteller vor dem 1.1.1952 geboren ist, Arbeitslosigkeit oder Altersteilzeitarbeit in dem oben beschriebenen Umfang vorliegt, der Antragsteller vor Rentenbeginn die Wartezeit von 15 Jahren erfüllt hat und für ihn in den letzten zehn Jahren vor Rentenbeginn in einem Umfang von mindestens acht Jahren Pflichtbeiträge zur gesetzlichen Rentenversicherung entrichtet worden sind.

Zusammengefasst sind für die Altersrente wegen Arbeitslosigkeit oder nach Altersteilzeitarbeit folgende Voraussetzungen zu erfüllen (§ 237 SGB VI):

- Vollendung des 63. Lebensjahres,

- Geburt vor dem 1.1.1952,

- Arbeitslosigkeit bei Beginn der Rente,

- Arbeitslosigkeit für die Dauer eines Jahres (52 Wochen) nach Vollendung eines Lebensalters von 58 Jahren und 6 Monaten,

- Pflichtbeitragszeiten in einem Umfang von 8 Jahren während der letzten 10 Jahre vor Rentenbeginn,

- Erfüllung der Wartezeit von 15 Jahren,

- Rentenantrag und

- Einhaltung der Höchsthinzuverdienstgrenze (vgl. ab Seite 46).

Jede dieser Anspruchsvoraussetzungen muss erfüllt sein. Die Arbeitslosigkeit kann durch eine 24-monatige Altersteilzeitarbeit im Sinne des Altersteilzeitgesetzes ersetzt werden.

Arbeitslosigkeit für die Rentengewährung liegt natürlich in den Zeiten vor, in denen der Versicherte Arbeitslosengeld, Arbeitslosenhilfe oder (seit dem 1.1.2005) Arbeitslosengeld II erhalten hat. Die Arbeitsagenturen teilen den Rentenversicherungsträgern den Leistungsbezug mit. Damit ist die Arbeitslosigkeit als Anspruchsvoraussetzung für die Rente nachgewiesen.

Werden keine Leistungen von der Agentur für Arbeit oder von den für die Zahlung von Arbeitslosengeld II zuständigen Stellen bezogen, weil zum Beispiel für die Gewährung von Arbeitslosengeld II das Einkommen des Ehegatten zu hoch ist und es deshalb an der sogenannten Bedürftigkeit als Voraussetzung für den Bezug von Arbeitslosengeld II fehlt, sollte sich der Arbeitslose zur Sicherung seines späteren Rentenanspruchs und des dafür geforderten Nachweises der einjährigen Arbeitslosigkeit nach Vollendung eines Lebensalters von 58 Jahren und 6 Monaten bei der zuständigen Arbeitsagentur persönlich alle drei Monate arbeitslos melden. Diese wird dem Rentenversicherungsträger dann die Arbeitslosigkeit bestätigen bzw. eine entsprechende Bescheinigung für den späteren Rentenantrag ausstellen. Auf Ausstellung einer solchen Bescheinigung sollten Sie achten und bestehen.

Sicherung des Rentenanspruchs

02

Nach der Rechtsprechung des Bundessozialgerichts steht die fehlende Arbeitslosmeldung der Arbeitslosigkeit grundsätzlich nicht entgegen, das heißt, Sie können die Altersrente wegen Arbeitslosigkeit auch erhalten, wenn Sie sich nicht regelmäßig arbeitslos gemeldet haben. Sie müssen aber auch in diesem Fall beweisen, dass Sie tatsächlich 52 Wochen arbeitslos waren. An den Nachweis der Arbeitslosigkeit werden dann aber besonders strenge Anforderungen gestellt. Erforderlich ist der Nachweis lückenloser, ernsthafter und fortlaufender Bemühungen um Arbeit, zum Beispiel durch Bewerbungsschreiben, Zeitungsanzeigen oder Vorstellungsgespräche (BSG, Urteil vom 21.3.2006, Az.: B 5 RJ 27/05 R).

Rente trotz fehlender Arbeitslosmeldung

Die einjährige Arbeitslosigkeit muss nicht durchgängig vorliegen, sondern kann auch, zum Beispiel durch Zeiten der Arbeitsunfähigkeit, unterbrochen werden. Es reicht aus, dass die Arbeitslosigkeit nach Vollendung eines Lebensalters von 58 Jahren und 6 Monaten insgesamt volle 52 Wochen andauert (BSG, Urteil vom 23.3.1976, Az.: 5 RKn 42/75).

15-jährige Wartezeit

Auf die Wartezeit von 15 Jahren, die bei der Altersrente wegen Arbeitslosigkeit und nach Altersteilzeitarbeit erfüllt sein muss, werden wie bei der allgemeinen Wartezeit außer den Pflichtbeiträgen, die man zum Beispiel als Arbeitnehmer entrichten muss, auch freiwillige Beiträge angerechnet, die in die Rentenversicherung eingezahlt worden sind (---⟩ Seite 25; bei Bedarf zur Vertiefung in dem Ratgeber „Gesetzliche Rente" das Kapitel „Die rentenrechtlichen Zeiten", dort „Die freiwillige Versicherung"). Darüber hinaus sind alle Zeiten anzurechnen, denen das Gesetz den Charakter von Pflichtbeitragszeiten zuerkennt, wie Zeiten der Kindererziehung – bei Geburten vor dem 1.1.1992 ein Jahr (das erste Jahr nach der Geburt) und bei Geburten ab diesem Zeitpunkt drei Jahre (die ersten drei Jahre nach der Geburt) für jedes Kind –, Zeiten des Bezugs von Arbeitslosengeld, Krankengeld, Verletztengeld, Versorgungskrankengeld, Übergangsgeld, Unterhaltsgeld, Arbeitslosenhilfe und Vorruhestandsgeld, Zeiten des Wehr- und Zivildienstes sowie ab dem 1.4.1995 auch Zeiten der nicht erwerbsmäßigen Pflege eines Pflegebedürftigen (§ 3 Nr. 1 a SGB VI) und vom 1.1.2005 bis zum 31.12.2010 zurückgelegte Zeiten des Bezugs von Arbeitslosengeld II (---⟩ lesen Sie bei Bedarf hierzu im Ratgeber „Gesetzliche Rente" das Kapitel „Die rentenrechtlichen Zeiten").

Anzurechnende Zeiten

Auch wenn Sie Altersrente wegen Arbeitslosigkeit oder nach Altersteilzeitarbeit beziehen, können Sie wie bei jeder Altersrente als abhängig Beschäftigter oder Selbstständiger arbeiten und Geld hinzuverdienen. Das Einkommen wird jedoch ab einer bestimmten Höhe mit der Folge einer Rentenminderung auf die Rente angerechnet. Dabei gelten dieselben Anrechnungsgrundsätze wie bei der Altersrente für Schwerbehinderte (---⟩ ab Seite 46).

DIE ALTERSRENTE FÜR FRAUEN

Das Gesetz eröffnet auch Frauen die Möglichkeit, Altersrente vor Erreichen der Regelaltersgrenze in Anspruch zu nehmen. Hierdurch soll der familiären und beruflichen Doppelbelastung der Frauen Rechnung getragen werden. Voraussetzung für die Rentengewährung ist deshalb, dass die Frau nach Vollendung des 40. Lebensjahres bis zum Rentenbeginn mehr als 10 Jahre, das heißt zumindest 121 Kalendermonate hat, die mit Pflichtbeiträgen belegt sind. Außerdem ist erforderlich, dass die Wartezeit von 15 Jahren zurückgelegt wurde, die insbesondere durch die Entrichtung von Beiträgen (freiwillige Beiträge oder Pflichtbeiträge) erfüllt wird, das heißt, es müssen in einem Umfang von 15 Jahren Beiträge in die gesetzliche Rentenversicherung eingezahlt worden sein. Diese Altersrente, die ebenfalls nur auf Antrag bewilligt wird, können allerdings nur noch Frauen beanspruchen, die vor dem 1.1.1952 geboren sind.

02

Pflichtbeiträge:
121 Kalendermonate

Die Altersrente für Frauen wird nur noch Versicherten gezahlt, die vor dem 1.1.1952 geboren sind, das heißt, ab dem 1.1.1952 Geborene haben keinen Anspruch mehr auf diese Rente. Da die vor dem 1.1.1952 Geborenen spätestens am 31.12.2011 das 60. Lebensjahr vollendet haben, ist eine Inanspruchnahme der Altersrente für Frauen ab 2012 bereits mit Vollendung des 60. Lebensjahres nicht mehr möglich. Die Rente kann aber auch danach noch beansprucht werden und eröffnet weiterhin die Möglichkeit des vorzeitigen Rentenbezugs. Die vor dem 1.1.1952 Geborenen sind zwar ab 2012 älter als 60 Jahre, aber auch noch deutlich jünger als die ab 2012 für sie geltende Regelaltersgrenze. Diese beträgt zum Beispiel für eine Versicherte des Jahrgangs 1951 65 Jahre und 5 Monate (⋯⋟ Tabelle auf Seite 29 zur Anhebung der Regelaltersgrenze ab 2012) und erst ab dieser Altersgrenze könnte sie dann die Regelaltersrente als Alternative in Anspruch nehmen. Allerdings hat auch hier der vorzeitige Bezug der Altersrente für Frauen einen Ren-

Rente nur für Jahrgang 1951 und älter

tenabschlag von 0,3 Prozent für jeden Monat des vorzeitigen Rentenbeginns zur Folge.

Rentenabschläge

Auch die Altersrente für Frauen wird nämlich bei vorzeitigem Rentenbezug nur mit Rentenabschlägen gewährt. Abschlagsfrei wird diese Rente erst ab Vollendung des 65. Lebensjahres gezahlt. Bei einem früheren Rentenbeginn muss die Leistungsberechtigte einen Abschlag von 0,3 Prozent für jeden Monat des Rentenbezugs vor dem 65. Lebensjahr in Kauf nehmen. Bei einem Rentenbeginn zum Beispiel ab Vollendung des 61. Lebensjahres und damit 4 Jahre (= 48 Monate) vor Vollendung des 65. Lebensjahres ein Abschlag in Höhe von 14,4 Prozent errechnet (48 x 0,3 Prozent = 14,4 Prozent). Der Abschlag bleibt auf Dauer bestehen. Der Wechsel in eine andere Altersrente mit einem geringeren oder ohne Abschlag ist nur in Ausnahmefällen möglich.

Wartezeit von 15 Jahren

Die Wartezeit von 15 Jahren als Anspruchsvoraussetzung für eine Altersrente wurde bereits im Rahmen der Altersrente wegen Arbeitslosigkeit und nach Altersteilzeitarbeit behandelt, die auch nur bei Vorliegen der 15-jährigen Wartezeit gewährt wird. Lesen Sie deshalb bitte ab Seite 56 die Ausführungen zur Wartezeit von 15 Jahren, die auch für die Altersrente für Frauen gelten.

Die Altersrente für Frauen hat zusammengefasst also folgende Voraussetzungen:

- Geburt vor dem 1.1.1952 (und damit älter als 60 Jahre),

- mehr als 10 Pflichtbeitragsjahre (das heißt zumindest 121 Kalendermonate) zwischen der Vollendung des 40. Lebensjahres und dem Rentenbeginn,

- Erfüllung der Wartezeit von 15 Jahren,

- Antragstellung,

- Einhaltung der Höchsthinzuverdienstgrenze.

RENTE WEGEN VERMINDERTER ERWERBSFÄHIGKEIT

Die gesetzliche Rentenversicherung bietet auch Leistungen für den Fall, dass der Rentenversicherte aufgrund seines Gesundheitszustands nicht mehr in der Lage ist, einer Vollzeitbeschäftigung nachzugehen und sich auf diesem Weg seinen Lebensunterhalt zu verdienen. Abhängig vom Grad der Einschränkung der Erwerbsfähigkeit regelt das Gesetz drei verschiedene Rentenarten: die Rente wegen voller Erwerbsminderung, wegen teilweiser Erwerbsminderung und wegen teilweiser Erwerbsminderung bei Berufsunfähigkeit.

ÜBERBLICK

Ein vorzeitiger Rentenbezug ist auch durch die Gewährung einer Rente wegen verminderter Erwerbsfähigkeit möglich. Voraussetzung ist allerdings, dass der Versicherte durch Krankheit oder Behinderung in seiner Erwerbsfähigkeit eingeschränkt ist, also nicht mehr oder nur noch sehr eingeschränkt fähig ist, seinen Lebensunterhalt durch Erwerbsarbeit sicherzustellen. Abhängig vom Grad der Einschränkung der Erwerbsfähigkeit regelt das Gesetz drei unterschiedliche Arten von Renten wegen Erwerbsminderung, nämlich die Rente wegen voller Erwerbsminderung, wegen teilweiser Erwerbsminderung und wegen teilweiser Erwerbsminderung bei Berufsunfähigkeit.

Außer der Erwerbsminderung setzt jeder dieser Rentenansprüche voraus, dass der Rentenantragsteller in den letzten fünf Jahren vor Eintritt der Erwerbsminderung Pflichtbeiträge in einem Umfang von drei Jahren in die gesetzliche Rentenversicherung eingezahlt hat oder sonstige Zeiten zurückgelegt hat, die nach dem Gesetz Pflichtbeitragszeiten darstellen (···⟩ im Einzelnen Seiten 32, 35), und – als dritte Voraussetzung – dass die allgemeine Wartezeit (···⟩ Seite 32) vor der Erwerbsminderung erfüllt ist. Auch die Renten wegen Erwerbsminderung werden nur auf Antrag gezahlt.

Rente wegen
Berufsunfähigkeit
nur noch für vor dem
2.1.1961 Geborene

Die Rente wegen teilweiser Erwerbsminderung bei Berufsunfähigkeit, die in § 240 SGB VI geregelt ist, können nur noch Versicherte beanspruchen, die vor dem 2.1.1961 geboren sind. Diese gesetzliche Regelung beruht auf einer zum 1.1.2001 in Kraft getretenen Gesetzesänderung. Bis zu diesem Zeitpunkt wurde die Rente wegen Berufsunfähigkeit unabhängig vom Alter des Berufsunfähigen gewährt. Bei einer ab dem 1.1.2001 eingetretenen Berufsunfähigkeit besteht für Versicherte, die ab dem 2.1.1961 geboren sind, kein Anspruch (mehr) auf Gewährung einer Rente wegen Berufsunfähigkeit aus der gesetzlichen Rentenversicherung. Diese Versicherten sollten unbedingt das Risiko der Berufsunfähigkeit privat absichern

(⋯⟩ ab Seite 97). Die Rente wegen teilweiser Erwerbsminderung bei Berufsunfähigkeit beträgt die Hälfte der vollen Rente (⋯⟩ zum Anspruch auf Rente wegen teilweiser Erwerbsminderung bei Berufsunfähigkeit ab Seite 78).

Volle und teilweise Erwerbsminderung

03

Die Renten wegen voller und teilweiser Erwerbsminderung werden unabhängig vom Alter des erwerbsgeminderten Versicherten gezahlt. Zur Klarstellung: Dies gilt nicht für die Rente wegen teilweiser Erwerbsminderung bei Berufsunfähigkeit! Voll Erwerbsgeminderte erhalten die volle Rente, teilweise Erwerbsgeminderte die halbe Rente. Voll erwerbsgemindert sind Versicherte, die nicht mehr 3 Stunden täglich arbeiten können. Teilweise erwerbsgemindert sind Versicherte, die zwar noch 3 Stunden, jedoch nicht 6 Stunden täglich arbeiten können. Die Renten wegen voller und teilweiser Erwerbsminderung sind in § 43 SGB VI geregelt. Versicherte, die täglich zumindest noch 6 Stunden (oder mehr) arbeiten können, sind nicht erwerbsgemindert (§ 43 Abs. 3 SGB VI; vgl. zu den von der Rechtsprechung entwickelten Ausnahmen von diesem Grundsatz ab Seite 65). Dabei spielt es keine Rolle, ob der Versicherte seinen bisherigen Beruf oder seinen erlernten Beruf noch bzw. nicht mehr ausüben kann. Dies ist nur für die Rente wegen Berufsunfähigkeit von Bedeutung.

Bei den Renten wegen voller oder teilweiser Erwerbsminderung kommt es nur darauf an, ob der Rentenantragsteller noch täglich mehr als 3 Stunden oder 6 Stunden und mehr irgendeine Erwerbstätigkeit ausüben kann. Versicherte, die noch 6 Stunden arbeiten können und damit nicht erwerbsgemindert sind, haben auch nicht deshalb Anspruch auf Rente, weil ihnen ein entsprechender Arbeitsplatz nicht vermittelt werden kann. Die fehlende Vermittelbarkeit ist bei diesem Personenkreis für den Rentenanspruch grundsätzlich ohne Bedeutung.

Vermittelbarkeit nicht maßgebend für Rentenanspruch

Zur Übersicht die Voraussetzungen für die in § 43 SGB VI geregelte Rente wegen Erwerbsminderung auf einen Blick:
- volle oder teilweise Erwerbsminderung (Versicherungsfall),
- drei Jahre Pflichtbeitragszeit in den letzten fünf Jahren vor Eintritt der Erwerbsminderung,
- allgemeine Wartezeit.

Diese Voraussetzungen werden im Folgenden Schritt für Schritt dargestellt, wobei Sie auf den folgenden Seiten nachlesen können, wann volle und teilweise Erwerbsminderung gegeben ist, ab wann und für welche Zeiträume die Rente gezahlt wird und welche Faktoren Einfluss auf die Höhe der Rente haben. Ab Seite 75 werden dann die übrigen Anspruchsvoraussetzungen für die Erwerbsminderungsrente behandelt.

DIE ERWERBSMINDERUNG

Volle Erwerbsminderung

Nach § 43 Abs. 2 SGB VI sind Versicherte voll erwerbsgemindert, wenn ihr Leistungsvermögen durch Krankheit oder Behinderung so stark eingeschränkt ist, dass sie nicht mehr in der Lage sind, mindestens 3 Stunden täglich unter den üblichen Bedingungen des allgemeinen Arbeitsmarktes zu arbeiten. Bei einem derart eingeschränkten Leistungsvermögen soll der Versicherte Anspruch auf die volle Rente als volle Lohnersatzleistung haben.

Aus der Umschreibung des Versicherungsfalls der Erwerbsminderung im Gesetz ergibt sich, dass Anspruch auf Rente nur besteht, wenn die Erwerbsminderung durch Krankheit oder Behinderung verursacht ist. Andere Ursachen, etwa Arbeitsentwöhnung durch langjährige Arbeitslosigkeit, können den Anspruch auf Rente nicht begründen. Zu berücksichtigen sind alle Krankheiten, die das körperliche, geistige oder psychische Leistungsvermögen des Versicherten einschränken, auch wenn diese bereits vor Eintritt in die Rentenversicherung, das heißt vor der ersten Beitragszahlung vorgelegen haben. Die gesetzliche Rentenversicherung ist – anders als private Rentenversicherungen (⋯⟩ ab Seite 97) – nicht berechtigt, bestimmte Krankheiten vom Versicherungsschutz auszunehmen und die Rente nicht zu zahlen, wenn der Versicherte aufgrund einer Krankheit erwerbsgemindert wird, die bereits vor Eintritt in die Versicherung bestand. Die gesetzliche Rentenversicherung schützt sich aber auch vor ungerechtfertigten Rentenansprüchen, und zwar durch die allgemeine Wartezeit: Rente erhält nur derjenige, der nach Erfüllung der allgemeinen Wartezeit (= 60 Monate Beitragszahlung; ⋯⟩ ab Seite 31) erwerbsgemindert wird. Tritt die volle Erwerbsminderung vor Erfüllung der allgemeinen Wartezeit ein, besteht kein Anspruch auf Rente.

Ungerechtfertigte Rentenansprüche

03

Einem Versicherten, der an einer angeborenen Herzerkrankung leidet und nach zehnjähriger Erwerbstätigkeit wegen einer Verschlimmerung seines Herzleidens keine 3 Stunden mehr arbeiten kann, kann die Rente nicht mit dem Argument versagt werden, die Herzerkrankung habe schon vor Aufnahme der Beschäftigung und vor Zahlung des ersten Rentenversicherungsbeitrags bestanden. Ab Erfüllung der allgemeinen Wartezeit ist dies ohne Bedeutung. Anders stellt sich die Rechtslage jedoch dar, wenn volle Erwerbsminderung bereits vor Zurücklegung der allgemeinen Wartezeit eingetreten ist. Dann ist der Rentenanspruch ausgeschlossen, weil die allgemeine Wartezeit vor Eintritt der Erwerbsminderung erfüllt sein muss.

Entscheidend ist also die medizinische Sachlage, denn bei der Frage, ob volle Erwerbsminderung vorliegt, zählt allein, ob der Versicherte so krank ist, dass er keine 3 Stunden am Tag mehr arbeiten kann. Die Rentenversicherungsträger werden Sie deshalb nach Rentenantragstellung von einem oder – je nach Krankheitsbild – mehreren Ärzten untersuchen und begutachten lassen, um Ihr Restleistungsvermögen beurteilen zu können. Dabei ist es üblich, vor dieser Begutachtung

Medizinische Sachlage ist entscheidend.

Befundberichte Ihrer behandelnden Ärzte einzuholen. Durch die Einholung der Gutachten und Befundberichte entstehen für Sie als Antragsteller keine Kosten. Falls Sie wegen der Ablehnung Ihres Rentenantrages Klage beim Sozialgericht erheben, ist auch dieses Verfahren – einschließlich der ärztlichen Gutachten, die vom Sozialgericht eingeholt werden – für Sie kostenfrei.

Nach dem Wortlaut des § 43 Abs. 1 SGB VI sind Versicherte teilweise erwerbsgemindert, die wegen Krankheit oder Behinderung auf nicht absehbare Zeit zwar 3 Stunden, jedoch nicht mindestens 6 Stunden täglich unter den üblichen Bedingungen des allgemeinen Arbeitsmarktes arbeiten können.

Bei Arbeitslosigkeit Anspruch auf volle Rente

Abweichend vom Wortlaut des Gesetzes haben nach der Rechtsprechung auch Versicherte, die noch mehr als 3 Stunden, jedoch nur noch unter 6 Stunden täglich arbeiten können – die also nach dem Wortlaut des Gesetzes nur teilweise erwerbsgemindert sind und damit nur Anspruch auf die halbe Rente haben –, Anspruch auf die volle Erwerbsminderungsrente, wenn sie arbeitslos sind. Dafür ist noch nicht einmal erforderlich, dass der jeweilige Versicherte formell arbeitslos gemeldet ist. Es reicht aus, dass er keinen Arbeitsplatz hat. Wird dann darüber hinaus durch einen ärztlichen Gutachter des Rentenversicherungsträgers oder in einem sozialgerichtlichen Verfahren durch einen medizinischen Sachverständigen festgestellt, dass der Versicherte aufgrund seiner Krankheit täglich zwar noch 3 Stunden, jedoch keine 6 Stunden mehr arbeiten kann, dann hat er Anspruch auf Rente wegen voller Erwerbsminderung. Es ist die volle Rente zu zahlen. Die Rentenversicherungsträger folgen in der Regel dieser Rechtsprechung.

Rente wegen teilweiser Erwerbsminderung, also die halbe Rente, erhalten folglich nur die Versicherten, die nach den medizinischen Feststellungen noch 3, jedoch keine 6 Stunden mehr arbeiten können, die jedoch nicht arbeitslos sind, sondern einen Arbeitsplatz haben und 3 bis unter 6 Stunden arbeiten.

Nach § 43 Abs. 3 SGB VI ist nicht erwerbsgemindert, wer mindestens 6 Stunden täglich erwerbstätig sein kann. Versicherte, die hierzu noch in der Lage sind, haben vom Grundsatz her keinen Anspruch auf Rente. Dies bedeutet, dass ein Versicherter, der krank und den Anforderungen eines 8-stündigen Arbeitstags nicht mehr gewachsen ist und damit einen Vollzeitjob nicht bewältigen kann, keine Rente erhält, wenn er noch 6 Stunden täglich arbeiten kann. Für das Gesetz und den Rentenanspruch ist allein die 6-Stunden-Grenze entscheidend.

Vorsicht
Der Arbeitslohn wird dann jedoch auf die Rente angerechnet und kann zu einer Rentenminderung führen (····› ab Seite 73).

Das Gesetz enthält jedoch eine Einschränkung: Nur derjenige ist nicht erwerbsgemindert, der unter den üblichen Bedingungen des allgemeinen Arbeitsmarktes mindestens 6 Stunden täglich einer Arbeit nachgehen kann. Dies bedeutet, dass Versicherte auch dann Anspruch auf Rente wegen voller Erwerbsminderung haben, wenn sie zwar noch 6 Stunden (und mehr) täglich arbeiten können, ihre Krankheiten jedoch einem Arbeitseinsatz unter den üblichen Bedingungen des Arbeitsmarktes entgegenstehen. Das Gesetz sagt aber nicht, was unter den üblichen Bedingungen des allgemeinen Arbeitsmarktes zu verstehen ist. Hier hilft jedoch die Rechtsprechung weiter (vgl. grundlegend BSG, Urteil vom 19.10.2011, Az.: B 13 R 78 / 09 R).

Übliche Bedingungen des allgemeinen Arbeitsmarkts

Nach der Rechtsprechung sind Versicherte nicht mehr in der Lage, unter den üblichen Bedingungen des allgemeinen Arbeitsmarktes zu arbeiten, wenn sie bei der täglichen Arbeitsverrichtung zusätzliche Pausen benötigen. Ein Bedarf an zusätzlichen Pausen lässt sich mit den üblichen Bedingungen, unter denen auf dem Arbeitsmarkt üblicherweise gearbeitet wird, nämlich nicht vereinbaren.

Zusätzliche Pausen

In der Praxis stellt sich das Problem des zusätzlichen Pausenbedarfs zum Beispiel bei schwer Zuckerkranken, die zwar noch 6 Stunden täglich arbeiten können, die jedoch während jeder Arbeitsschicht mehrere zusätzliche Pausen einlegen müssen, um ihren Blutzucker zu messen, um Insulin zu spritzen und zusätzliche kleine Mahlzeiten einzunehmen. Ähnlich ist die Problemlage häufig bei Versicherten, die an schweren Darmerkrankungen leiden und deshalb die Arbeit oft für Toilettenbesuche unterbrechen müssen.

Ein zusätzlicher Pausenbedarf liegt nach der Rechtsprechung jedoch nicht bereits dann vor, wenn ein Versicherter krankheitsbedingt mehr Pausen benötigt als die ihm nach dem Arbeitszeitgesetz zustehende tägliche Ruhepause von 30 Minuten, die nur in zwei Zeitabschnitte von jeweils 15 Minuten, nicht jedoch in kleinere Zeitabschnitte aufgeteilt werden darf. Entscheidend ist vielmehr, ob sich die krankheitsbedingt notwendigen Verrichtungen – wie zum Beispiel die zusätzliche Aufnahme von Nahrung oder das Messen von Blutzuckerwerten – unter Berücksichtigung der gesetzlich vorgeschriebenen Pausen und der sogenannten persönlichen Verteilzeiten, die den Arbeitnehmern über die Pausen hinaus üblicherweise zugebilligt werden, in den üblichen Arbeitsablauf integrieren lassen oder nicht.

Persönliche Verteilzeiten

Unter den persönlichen Verteilzeiten sind die im Arbeitsleben neben den Pausen geduldeten Arbeitsunterbrechungen zum Beispiel für Toilettengänge oder die zwischenzeitliche Einnahme von kleinen Mahlzeiten (der Arbeitnehmer isst zwischendurch einen Apfel) zu verstehen. Können in solche, üblicherweise dem Arbeitnehmer zugebilligten persönlichen Verteilzeiten, auch die krankheitsbedingten Arbeitsunterbrechungen, wie zum Beispiel häufigere Toilettengänge wegen einer Darmerkrankung, „eingebaut" werden, dann kann nicht davon ausgegangen werden, dass der Versicherte nicht mehr in der Lage ist, unter den üblichen Bedingungen des allgemeinen Arbeitsmarktes zu arbeiten. In diesen Fällen besteht kein Anspruch auf Rente.

Nehmen die notwendigen zusätzlichen Pausen jedoch einen zeitlich deutlich größeren Umfang ein, wie zum Beispiel bei zwei notwendigen zusätzlichen Pausen von mehr als 15 Minuten, die sich nicht ohne Weiteres in einen üblichen Arbeitsablauf integrieren lassen, dann kann der Versicherte nicht mehr unter den üblichen Bedingungen des allgemeinen Arbeitsmarktes arbeiten und hat Anspruch auf Rente wegen voller Erwerbsminderung. Solchen Versicherten ist nach der Rechtsprechung der Arbeitsmarkt praktisch verschlossen, auch wenn sie noch täglich 6 Stunden (und vielleicht mehr) arbeiten können. (Vgl. zum Beispiel Urteil des LSG Nordrhein-Westfalen vom 19.7.2000, Az.: L 3 RJ 56/98.)

03

Nach der Rechtsprechung haben außerdem auch die Versicherten Anspruch auf Rente wegen voller Erwerbsminderung, die zwar noch 6 Stunden täglich (und vielleicht auch noch mehr) arbeiten können, die jedoch nicht über die notwendige Mobilität verfügen, um Arbeitsplätze zu erreichen. Da die allermeisten Arbeitnehmer außerhalb ihres häuslichen Bereichs arbeiten, gehört zur Erwerbsfähigkeit nach der Rechtsprechung nämlich nicht nur die Befähigung, regelmäßig zu arbeiten, sondern auch die Fähigkeit, einen Arbeitsplatz aufzusuchen, um dort zu arbeiten.

Folglich muss ein Versicherter, der auf öffentliche Verkehrsmittel angewiesen ist, in der Lage sein, den Weg von seiner Wohnung zur Haltestelle eines öffentlichen Verkehrsmittels, von einer solchen Haltestelle zu einem Arbeitsplatz und jeweils zurück zu Fuß zu bewältigen und öffentliche Verkehrsmittel während der Hauptverkehrszeit zu benutzen. Dabei kommt es jedoch nicht darauf an, wie weit der Rentenantragsteller konkret von einer Haltestelle entfernt wohnt. Die Rechtsprechung geht vielmehr von Durchschnittswerten aus und verlangt, dass der Versicherte noch fähig sein muss, viermal

Nutzung öffentlicher Verkehrsmittel

täglich (knapp) mehr als 500 Meter in jeweils ca. 20 Minuten zu gehen (BSG, Urteil vom 17.12.1991, Az.: 13/5 RJ 73/90). Kann er nur noch 500 Meter oder weniger gehen, benötigt er für eine Gehstrecke von knapp mehr als 500 Metern deutlich mehr als 20 Minuten oder kann er keine öffentlichen Verkehrsmittel benutzen, ist er voll erwerbsgemindert, denn dann verfügt er nicht über die Mobilität, die üblicherweise notwendig ist, um Arbeitsplätze zu erreichen.

Pkw kann Rentenanspruch entgegenstehen

Ein Anspruch auf Rente besteht jedoch nicht, wenn der Versicherte trotz seiner eingeschränkten Gehfähigkeit in der Lage ist, Arbeitsplätze zum Beispiel mit einem Pkw zu erreichen. Wer also einen Kraftwagen und die entsprechende Fahrerlaubnis besitzt und den Pkw trotz seiner gesundheitlichen Beeinträchtigungen führen kann, kann sich nicht darauf berufen, er könne nicht mehr ausreichend weit gehen, um einen Arbeitsplatz mit öffentlichen Verkehrsmitteln zu erreichen. Der Besitz des Pkws und die dadurch vorhandene Mobilität stehen dem Rentenanspruch entgegen. Dies gilt auch, wenn der Versicherte arbeitslos ist und damit gar keinen Arbeitsplatz hat, den er mit seinem Pkw erreichen könnte.

Dauer der Rentenzahlung

Nach § 102 Abs. 2 SGB VI sind Renten wegen verminderter Erwerbsfähigkeit in der Regel nur auf Zeit zu leisten. Die Befristung erfolgt für längstens drei Jahre nach Rentenbeginn. Die Rente auf Zeit kann auch (mehrmals) wiederholt bewilligt werden – wieder für jeweils maximal drei Jahre. Ein Anspruch auf die Gewährung einer Dauerrente, das heißt einer unbefristeten Rente, besteht nur dann, wenn unwahrscheinlich ist, dass sich die gesundheitlichen Verhältnisse des Versicherten bessern und damit die Minderung der Erwerbsfähigkeit behoben werden kann. Dies ist nach der Rechtsprechung der Fall, wenn aus ärztlicher Sicht bei Betrachtung des bisherigen Verlaufs der Erkrankung – unter Berücksichtigung aller noch vorhandenen ärztlichen Behandlungsmöglichkeiten – eine Besserung des Gesundheitszustands nicht zu erwarten ist, durch die sich eine relevante Steigerung der Leistungsfähigkeit des Versicherten ergeben würde. Das bedeutet, dass eine Behebung der Erwerbsminderung nicht unwahrscheinlich ist, wenn es noch eine ärztliche Behandlungsmöglichkeit der gesetzlichen Krankenversicherung gibt, die zur Behebung der Erwerbsminderung führen kann. Dies gilt auch dann, wenn diese Behandlung – wie eine Operation – für den Patienten nicht duldungspflichtig ist. Dafür muss der Rentenantragsteller beweisen, dass es keine derartige Behandlungsmöglichkeit gibt. Gelingt ihm dies nicht, hat er keinen Anspruch auf Rente auf Dauer, sondern nur auf Zeit (BSG, Urteil vom 29.3.2006, Az.: B 13 RJ 31/05 R).

03

Kommt der ärztliche Gutachter zu dem Ergebnis, dass die Gesundheitsstörungen des Versicherten von ihrer Art her auf eine Verschlechterung angelegt sind, so spricht im Ergebnis alles gegen die Möglichkeit der zukünftigen Besserung des Gesundheitszustands und damit auch dagegen, dass die Minderung der Erwerbsfähigkeit des Versicherten zukünftig überhaupt noch einmal behoben werden kann. Somit besteht Anspruch auf die Gewährung einer Dauerrente. Kann jedoch die eingeschränkte Gehfähigkeit eines Versicherten, der wegen eines Knieschadens keine 500 Meter mehr gehen kann und deshalb Anspruch auf Rente wegen voller Erwerbsminderung hat (⸱⸱⸱⸱⸳ Seite 67), durch die Implantation eines künstlichen Kniegelenks behoben werden, besteht nur Anspruch auf Rente auf Zeit. Im Hinblick auf die mögliche Knieoperation ist es nämlich (im Sinne des Gesetzes) wahrscheinlich, dass die Erwerbsminderung behoben werden kann. Dem steht – wie bereits erwähnt – nicht entgegen, dass der Versicherte nicht gezwungen werden kann, sich operieren zu lassen. Die bloße Möglichkeit der Besserung seines Knieschadens durch eine Operation hat jedoch zur Folge, dass er nur eine Rente auf Zeit beanspruchen kann.

Das Gesetz erlaubt jedoch lediglich die wiederholte Gewährung einer Rente auf Zeit für eine Gesamtdauer von neun Jahren (§ 102 Abs. 2 SGB VI). Hat sich während dieser Zeit der Gesundheitszustand des Versicherten nicht mit der Folge der Behebung der Minderung seiner Erwerbsfähigkeit gebessert, ist davon auszugehen, dass eine Besserung seines Gesundheitszustands und seines Restleistungsvermögens und damit eine Behebung der Erwerbsminderung nicht mehr möglich ist. Der Versicherte hat dann Anspruch auf die Zahlung einer Dauerrente.

Dies gilt nicht für Renten wegen voller Erwerbsminderung, die an arbeitslose Versicherte gezahlt werden, die noch 3, jedoch keine 6 Stunden mehr arbeiten können (---> Seite 64). Diese Renten sind – solange die Anspruchsvoraussetzungen vorliegen – immer nur auf Zeit, jeweils um drei Jahre verlängert, bis zum Erreichen der Regelaltersgrenze zu zahlen.

Dauerrenten

Renten wegen verminderter Erwerbsfähigkeit in Form von Dauerrenten werden ab dem 1. des Monats gezahlt, der dem Monat folgt, in dem alle Anspruchsvoraussetzungen erfüllt sind, wenn der Rentenantrag binnen drei Monaten nach Eintritt der Erwerbsminderung gestellt wird.

Ist ein Versicherter, der auch alle übrigen Anspruchsvoraussetzungen für die Rente wegen Erwerbsminderung erfüllt, ab dem 15.3. voll erwerbsgemindert, wird ihm die Rente ab dem 1.4. gezahlt. Voraussetzung ist jedoch, dass der Rentenantrag innerhalb von drei Monaten, das heißt bis zum 30.6., gestellt ist. Bei späterer Antragstellung beginnt die Rente ab Beginn des Antragsmonats.

Zeitrenten

Zeitrenten werden – anders als Dauerrenten – erst nach Ablauf von sechs Monaten nach Eintritt der Erwerbsminderung geleistet. Im Falle der Wiederholung der Zeitrentenbewilligung schließt sich die weitere Rente jedoch an die bisherige Zeitrente nahtlos an.

Wurde einem Versicherten eine Rente auf Zeit bis zum 30.4.2011 gewährt und besteht Anspruch auf die Weitergewährung einer Rente auf Zeit für weitere drei Jahre, so würde diese Rente nahtlos ab dem 1.5.2011 gezahlt.

Sie wissen bereits, dass voll Erwerbsgeminderte die volle Rente bekommen und teilweise Erwerbsgeminderte die halbe Rente, wobei für die Höhe der Rente im Einzelfall im Wesentlichen die Zahl und die Höhe der während des Erwerbslebens entrichteten Beiträge maßgeblich sind. Man kann die (spätere) Rente auch nicht durch die Zahlung von Beiträgen erhöhen, denn wer – zum Beispiel als Arbeitnehmer – pflichtversichert ist, hat keine Möglichkeit, zusätzliche Beiträge zu zahlen. Es besteht zwar die Möglichkeit, freiwillig Rentenversicherungsbeiträge zu zahlen. Dieses Recht haben aber nur Personen, die – wie zum Beispiel Selbstständige – nicht pflichtversichert sind (⸱⸱⸱⟩ ab Seite 25).

Höhe der Rente

03

Ebenso wie die meisten Altersrenten werden auch die Erwerbsminderungsrenten mit einem Rentenabschlag gewährt, wenn die Rente vor einem bestimmten Lebensalter beginnt.

Rentenabschläge

Bis zum 31.12.2011 war dies das 63. Lebensjahr; das heißt, wenn die Rente mit Vollendung des 63. Lebensjahres oder später begann, wurde die Rente ohne Abschläge gezahlt. Bei einem früheren Rentenbeginn muss der Rentner für jeden Monat des Rentenbezugs vor Vollendung des 63. Lebensjahres einen Rentenabschlag von 0,3 Prozent, jedoch höchstens 10,8 Prozent in Kauf nehmen. Bei einem Rentenbeginn mit oder vor Vollendung des 60. Lebensjahres wird die Rente mit einem Abschlag von 10,8 Prozent gewährt.

Vom 1.1.2012 bis zum 31.12.2024 wird das Alter des abschlagsfreien Rentenbezugs schrittweise auf das 65. Lebensjahr angehoben, sodass ab 2025 die Rente wegen Erwerbsminderung ohne Abschläge erst ab dem 65. Lebensjahr bezogen werden kann. Für jeden Monat des früheren Rentenbezugs muss der Rentner einen Rentenabschlag von 0,3 Prozent, höchstens 10,8 Prozent in Kauf nehmen. Bei einem Rentenbeginn vor dem 63. Lebensjahr wird die Rente dann nur mit diesem Abschlag gewährt. Für die Zeit vom 1.1.2012 bis zum 31.12.2023 ergeben sich Rentenabschläge bei Erwerbsminderungsrenten, die Sie der folgenden Tabelle entnehmen können.

Beginn der Rente des Versicherten		Lebensalter	
		ohne Abschlag	Abschlag 10,8 %
Jahr	Monat	Jahre + Monate	Jahre + Monate
Vor 2012		63 + 0	60 + 0
2012	Januar	63 + 1	60 + 1
2012	Februar	63 + 2	60 + 2
2012	März	63 + 3	60 + 3
2012	April	63 + 4	60 + 4
2012	Mai	63 + 5	60 + 5
2012	Juni bis Dezember	63 + 6	60 + 6
2013		63 + 7	60 + 7
2014		63 + 8	60 + 8
2015		63 + 9	60 + 9
2016		63 + 10	60 + 10
2017		63 + 11	60 + 11
2018		64 + 0	61 + 0
2019		64 + 2	61 + 2
2020		64 + 4	61 + 4
2021		64 + 6	61 + 6
2022		64 + 8	61 + 8
2023		64 + 10	61 + 10

Das für die abschlagsfreie Rente maßgebliche Alter erhöht sich also beispielsweise bei einem Rentenbeginn im Januar 2012 auf 63 Jahre und 1 Monat, bei einem Rentenbeginn im Februar 2012 auf 63 Jahre und 2 Monate, bei einem Rentenbeginn im Jahr 2013 auf 63 Jahre und 7 Monate oder bei einem Rentenbeginn im Jahr 2018 auf 64 Jahre. Ab dem 1.1.2024 können die Erwerbsminderungsrenten dann abschlagsfrei erst ab 65 in Anspruch genommen werden. Ist die in den beiden rechten Spalten bezeichnete Altersgrenze im jeweiligen Jahr des Rentenbeginns (linke Spalte) noch nicht erreicht, wird die Rente um den Maximalabschlag von 10,8 Prozent gekürzt. Für jeden Monat des späteren Rentenbeginns mindert sich der Abschlag um 0,3 Prozent.

03

Da die Höhe der Rente von der Zahl und Höhe der bis zum Rentenfall entrichteten Beiträge abhängt, würden Versicherte, die bereits in jungen Jahren voll oder teilweise erwerbsgemindert werden und bis dahin naturgemäß nur wenige Beiträge entrichten konnten, nur eine „Minirente" erhalten und damit zwangsläufig auf Sozialhilfe angewiesen sein. Dies soll durch die sogenannte Zurechnungszeit verhindert werden. Die Zurechnungszeit beginnt mit dem Eintritt der Erwerbsminderung und endet mit der Vollendung des 60. Lebensjahres. Ihre Funktion liegt darin, die durch einen frühen Versicherungsfall bedingte geringe(re) Rentenhöhe anzuheben.

Zurechnungszeit

Wird ein Versicherter, der zehn Jahre lang versicherungspflichtig beschäftigt war, durch einen Unfall bereits mit 30 Jahren erwerbsgemindert, dann wird seine Rente nicht nur auf der Grundlage der zehnjährigen Beitragszahlung als Arbeitnehmer berechnet, sondern die (Zurechnungs-)Zeit vom Unfall bis zum 60. Lebensjahr erhöht die Rente darüber hinaus. Vereinfacht gesprochen hat die Zurechnungszeit zur Folge, dass so getan wird, als hätte der Versicherte nicht nur bis zu dem mit 30 Jahren erlittenen Unfall, sondern bis zum 60. Lebensjahr gearbeitet. Auf Grundlage der Zurechnungszeit wird seine Rente hochgerechnet.

Sie können auch neben der Erwerbsminderungsrente als abhängig Beschäftigter oder Selbstständiger arbeiten und Geld hinzuverdienen. Das Einkommen wird jedoch ab einer bestimmten Höhe auf die Rente angerechnet. Es gilt Folgendes:

Arbeiten bei Rentenbezug

Bei der Rente wegen voller Erwerbsminderung bleibt ein Einkommen neben der Rente von 400 Euro und weniger im

Rente wegen voller Erwerbsminderung

Vorsicht

Sie müssen aber unbedingt darauf achten, wie viele Stunden Sie arbeiten. Sie erhalten schließlich die Rente, weil Sie nach der Einschätzung des ärztlichen Gutachters keine 3 Stunden am Tag mehr arbeiten können. Wenn Sie dann bei Rentenbezug mehr als 3 Stunden täglich arbeiten, liegt natürlich der Verdacht nahe, dass die Beurteilung des Arztes falsch war und Sie gar nicht so krank sind, wie der Arzt vermutete, und in Wahrheit länger arbeiten können. Der Rentenversicherungsträger wird dann versuchen, die Rente zu entziehen.

Monat unbeachtet und führt zu keiner Minderung der Rente. Verdienen Sie mehr als 400 Euro (1 Cent mehr reicht aus), und ist Ihnen die Rente bewilligt worden, weil Sie nach den medizinischen Feststellungen keine 3 Stunden mehr arbeiten können, wird die Rente nur noch in Höhe von drei Vierteln der Vollrente gezahlt. Maßgeblich sind dabei Ihre Bruttoeinkünfte. Höhere Einkünfte können dazu führen, dass die Rente noch weiter gemindert wird und nur noch in Höhe der Hälfte oder in Höhe von einem Viertel der Vollrente gezahlt wird oder auch ganz wegfällt. Für jeden dieser Rentenbruchteile sind Hinzuverdienstgrenzen zu berechnen, die für jeden Rentner unterschiedlich hoch sind, da sie unter anderem vom individuellen Einkommen des Rentners in den letzten drei Jahren vor Rentenbeginn abhängen. Wird durch die neben der Rente erzielten Einkünfte Ihre individuelle Hinzuverdienstgrenze für die 3/4-Rente überschritten, wird die Rente nur noch in Höhe der Hälfte der Vollrente gezahlt. Bei Überschreiten der für Sie berechneten Hinzuverdienstgrenze für die halbe Rente wird die Rente nur in Höhe von einem Viertel der Vollrente gezahlt. Wird die Hinzuverdienstgrenze für die 1/4-Rente überschritten, wird die Rente nicht mehr gezahlt, solange Ihr Verdienst nicht sinkt oder ganz wegfällt. Einzelheiten und Beispiele zur Berechnung der Hinzuverdienstgrenzen können Sie in dem Ratgeber „Gesetzliche Rente" im Kapitel „Renten wegen verminderter Erwerbsfähigkeit, Hinzuverdienst und andere Sozialleistungen" nachlesen. Falls Sie bereits Rentner sind, können Sie die für Sie maßgeblichen Hinzuverdienstgrenzen Ihrem Rentenbescheid entnehmen. Die Hinzuverdienstgrenze von 400 Euro ist für alle Rentner gleich. Vor Aufnahme einer Erwerbstätigkeit sollten Sie jedoch zur Vermeidung unnötiger Renteneinbußen und eventueller Schwierigkeiten die für Sie maßgeblichen Hinzuverdienstgrenzen beim Rentenversicherungsträger erfragen.

Rente wegen teilweiser Erwerbsminderung

Die Rente wegen teilweiser Erwerbsminderung wird – abhängig von der Höhe des Hinzuverdienstes – ungekürzt, in Höhe der Hälfte oder gar nicht gezahlt. Auch hier werden für jeden Rentner individuelle Hinzuverdienstgrenzen für die ungekürzte Rente und die halbe Rente errechnet. Wird durch den Verdienst die Hinzuverdienstgrenze für die volle Rente überschritten, wird die Rente nur noch in Höhe der Hälfte gezahlt. Wird die Hinzuverdienstgrenze des Rentners für die halbe Rente überschritten, wird die Rente nicht mehr gezahlt.

03

VERSICHERUNGSRECHTLICHE VORAUSSETZUNGEN

Neben der Erwerbsminderung setzt natürlich auch die Zahlung einer Rente wegen verminderter Erwerbsfähigkeit voraus, dass vor der Erwerbsminderung in einem bestimmten Umfang Beiträge in die gesetzliche Rentenversicherung eingezahlt wurden. Auch bei dieser Rente muss zunächst die allgemeine Wartezeit erfüllt sein. Außerdem müssen in bestimmten Zeiträumen vor der Erwerbsminderung Pflichtbeiträge gezahlt worden sein. Die Einzelheiten hierzu können Sie in den beiden folgenden Abschnitten lesen.

DIE WARTEZEIT

Die Zahlung einer Erwerbsminderungsrente erfordert außer der vollen oder teilweisen Erwerbsminderung, dass die Versicherten vor der Erwerbsminderung die sogenannte allgemeine Wartezeit von fünf Jahren zurückgelegt haben. Die Voraussetzungen für die Erfüllung dieser Wartezeit sind bereits im Rahmen der Regelaltersrente besprochen worden (···Seite 31).

BESONDERE VERSICHERUNGSRECHTLICHE VORAUSSETZUNGEN

Außer dem Eintritt der verminderten Erwerbsfähig-keit und der Erfüllung der allgemeinen Wartezeit setzt die Zahlung der Rente voraus, dass der Versicherte in den letzten fünf Jahren vor Eintritt der Erwerbsminderung in einem Umfang von mindestens drei Jahren (= 36 Monate) Pflichtbeiträge in die gesetzliche Rentenversicherung eingezahlt oder Zeiten zurückgelegt hat, die nach dem Gesetz den Charakter von Pflichtbeitragszeiten haben. Hierzu zählen Kindererziehungszeiten, Zeiten des Bezugs von Arbeitslosengeld, Krankengeld, Verletztengeld, Versorgungskrankengeld, Übergangsgeld, Unterhaltsgeld, Arbeitslosenhilfe, Vorruhestandsgeld, Zeiten des Wehr- und Zivildienstes sowie ab dem 1.4.1995 auch Zeiten der nicht erwerbsmäßigen Pflege eines Pflegebedürftigen und vom 1.1.2005 bis zum 31.12.2010 zurückgelegte Zeiten des Bezugs von Arbeitslosengeld II (···} Seiten 32, 35; bei Bedarf zur Vertiefung im Ratgeber „Gesetzliche Rente" die Kapitel „Die (besonderen) versicherungsrechtlichen Voraussetzungen" und „Die rentenrechtlichen Zeiten").

Ein Versicherter hat 15 Jahre lang versicherungspflichtig gearbeitet, anschließend vom 1.1.2008 bis zum 1.7.2009 Krankengeld und danach bis zum 31.12.2010 Arbeitslosengeld bezogen. Anspruch auf Arbeitslosengeld II hatte er anschließend nicht, weil das darauf anzurechnende Einkommen seiner Ehefrau zu hoch war. Es fehlte damit die Bedürftigkeit als Voraussetzung für den Anspruch auf Arbeitslosengeld II. Er meldet sich nach Auslaufen des Arbeitslosengelds auch nicht mehr arbeitslos, weil er ja keine Leistungen erhält. Dieser Versicherte hätte noch bei Eintritt voller Erwerbsminderung innerhalb der folgenden zwei Jahre nach Beendigung der Zahlung des Arbeitslosengelds Anspruch auf Rente. Der Grund: In den letzten fünf Jahren vor der Erwerbsminderung hat er noch Pflichtbeitragszeiten in einem Umfang von drei Jahren zurückgelegt, denn die Zeiten des Bezugs von Kranken- und Arbeitslosengeld sind – ebenso wie die Zeiten der versicherungspflichtigen Beschäftigung – Pflichtbeitragszeiten. Bei einem späteren Eintritt der Erwerbsminderung hätte er keinen Anspruch auf Rente mehr, weil dann in den letzten fünf Jahren vor Beginn der Erwerbsminderung nicht (mehr) Pflichtbeitragszeiten in einem Umfang von drei Jahren vorhanden sind.

Die oben beschriebene Anspruchsvoraussetzung für die Rente wegen Erwerbsminderung stellt sich in der Praxis in vielen Fällen jedoch weitaus komplizierter dar, als das obige Beispiel vermuten lässt. Sind nämlich in den letzten fünf Jahren vor der Erwerbsminderung keine drei Jahre Pflichtbeitragszeit vorhanden, kann gleichwohl Anspruch auf Rente bestehen, weil sich der Fünfjahreszeitraum durch bestimmte rentenrechtliche Zeiten verlängern kann. Dies hat dann zur Folge, dass nicht zu prüfen ist, ob in den letzten fünf Jahren, sondern in dem – um diese rentenrechtlichen Zeiten – verlängerten Zeitraum drei Jahre Pflichtbeitragszeit vorhanden sind.

03

Hätte sich der Versicherte des letzten Beispiels nach Auslaufen des Arbeitslosengelds weiter regelmäßig (= alle drei Monate) arbeitslos gemeldet und wäre er erst vier Jahre (oder auch noch später) danach voll erwerbsgemindert geworden, hätte er Anspruch auf Rente. Es wäre dann nämlich nicht zu prüfen, ob er in den letzten fünf Jahren vor Eintritt der Erwerbsminderung drei Jahre Pflichtbeiträge eingezahlt hat. Es kommt vielmehr darauf an, dass er in den letzten fünf Jahren, verlängert um die Zeit der regelmäßigen Meldung als Arbeitsloser – also bei einem Eintritt der vollen Erwerbsminderung zum Beispiel vier Jahre nach Auslaufen des Arbeitslosengelds –, drei Jahre diese Beitragszahlungen geleistet hat – was zweifelsfrei zu bejahen ist. Ebenso wie Zeiten der Arbeitslosigkeit verlängern auch noch eine Reihe anderer Zeiten – zum Beispiel Berücksichtigungszeiten, die Sie auf Seite 35 kennengelernt haben – den maßgeblichen Fünfjahreszeitraum. Die damit einhergehenden sehr komplexen Fälle können hier nicht umfassend behandelt werden. Bei Bedarf finden Sie weitere Erläuterungen in dem Ratgeber „Gesetzliche Rente", im Kapitel „Die (besonderen) versicherungsrechtlichen Voraussetzungen".

Es besteht keine Möglichkeit, Pflichtbeiträge nach Eintritt der Erwerbsminderung für die Vergangenheit nachzuzahlen, sodass die oben beschriebenen besonderen versicherungsrechtlichen Voraussetzungen nicht rückwirkend hergestellt werden können.

BERUFSUNFÄHIGKEIT

ÜBERBLICK

Vorsicht

Für Versicherte, die nach dem 1.1.1961 geboren sind, enthält das Gesetz keine Anspruchsgrundlage mehr für die Gewährung einer Rente bei Eintritt von Berufsunfähigkeit. Diese Personen sollten für den Versicherungsfall der Berufsunfähigkeit unbedingt eine private Versicherung abschließen.

Werden Versicherte berufsunfähig, dann haben sie Anspruch auf Rente wegen teilweiser Erwerbsminderung, wenn sie vor Eintritt der Berufsunfähigkeit die allgemeine Wartezeit erfüllt haben und in den letzten fünf Jahren vor der Berufsunfähigkeit über Pflichtbeitragszeiten in einem Umfang von 36 Kalendermonaten verfügen. Die Anspruchsvoraussetzungen sind in § 240 SGB VI geregelt. Die Rente wird nur auf Antrag gewährt. Der Rentenanspruch ist jedoch auf Versicherte beschränkt, die vor dem 2.1.1961 geboren sind.

Außer dem Datum der Geburt (vor dem 2.1.1961) und dem Eintritt von Berufsunfähigkeit setzt der Rentenanspruch – wie erwähnt – voraus, dass vor der Berufsunfähigkeit die allgemeine Wartezeit erfüllt ist und in den letzten fünf Jahren drei Jahre Pflichtbeitragszeit vorhanden sind. Diese Anspruchsvoraussetzungen sind mit denen der Rente wegen voller und teilweiser Erwerbsminderung identisch. Lesen Sie dazu die entsprechenden Ausführungen ab Seite 75.

Berufsunfähigkeit durch Krankheit

Anspruch auf Rente besteht nur dann, wenn die Berufsunfähigkeit durch Krankheit oder Behinderung verursacht ist. Andere Ursachen – wie zum Beispiel „Entwöhnung" vom Beruf oder von regelmäßiger Arbeit durch lange Arbeitslosigkeit oder das „Verlernen" der notwendigen beruflichen Kenntnisse – können den Anspruch auf Rente nicht begründen.

Zu berücksichtigen sind alle Krankheiten, die das körperliche oder psychische Leistungsvermögen des Versicherten einschränken, auch wenn diese bereits vor Eintritt in die Rentenversicherung, das heißt vor der ersten Beitragszahlung, vorgelegen haben. Die gesetzliche Rentenversicherung ist – anders als private Rentenversicherungen (···⟩ ab Seite 97) – nicht berechtigt, bestimmte Krankheiten vom Versicherungsschutz auszunehmen und die Zahlung der Rente zu verweigern, wenn der Versicherte aufgrund einer Krankheit berufsunfähig wird, die bereits vor der ersten Beitragszahlung bestand. Die gesetzliche Rentenversicherung schützt sich allerdings auch vor ungerechtfertigten Rentenzahlungen. Dies geschieht durch die Anspruchsvoraussetzung der allgemeinen Wartezeit: Rente erhält nur derjenige, der nach Erfüllung der allgemeinen Wartezeit, also nach der Zahlung von Beiträgen für mindestens fünf Jahre, berufsunfähig wird. Tritt die Berufsunfähigkeit vor Erfüllung der allgemeinen Wartezeit ein, besteht kein Anspruch auf Rente.

03

Einem gelernten Maurer, der an einer angeborenen Hüftgelenkserkrankung leidet, und seinen Beruf nach zehnjähriger Beschäftigung wegen der Verschlimmerung seines Hüftleidens aufgeben muss, kann die Rente nicht mit dem Argument versagt werden, die Hüfterkrankung habe schon vor Aufnahme der Beschäftigung und vor der Zahlung des ersten Rentenversicherungsbeitrags bestanden. Ab Erfüllung der allgemeinen Wartezeit ist dies ohne Bedeutung. Anders stellt sich die Rechtslage jedoch dar, wenn die Berufsunfähigkeit bereits vor Zurücklegung der allgemeinen Wartezeit eingetreten ist. Dann ist der Rentenanspruch ausgeschlossen, weil die allgemeine Wartezeit vor Eintritt der Berufsunfähigkeit erfüllt sein muss.

Bei Berufsunfähigkeit (und wenn die oben beschriebenen weiteren Anspruchsvoraussetzungen vorliegen) besteht Anspruch auf Rente wegen teilweiser Erwerbsminderung und damit nur auf Rente in Höhe der Hälfte der Vollrente. Hinzu kommt, dass die Rente – ebenso wie die Rente wegen voller Erwerbsminderung – für jeden Monat des Eintritts der Berufsunfähigkeit vor dem in der Tabelle auf Seite 72 ausgwiesenen Alter um einen Abschlag von 0,3 Prozent, höchstens 10,8 Prozent, gemindert wird (dieses wurde bereits im Rahmen der Rente wegen voller Erwerbsminderung behandelt ⸱⸱⸱⸳ ab Seite 71).

Höhe der Rente

Auch wenn sich die Höhe der Rente im Übrigen nicht nur aus den bis zur Berufsunfähigkeit entrichteten Rentenversicherungsbeiträgen errechnet, sondern sich der Rentenzahlbetrag – ebenso wie bei der Rente wegen voller Erwerbsminderung – bei einer vor dem 60. Lebensjahr eingetretenen Berufsunfähigkeit durch die sogenannte Zurechnungszeit erhöht (---⟩ Seite 73), kann man in der Regel allein von der Rente wegen teilweiser Erwerbsminderung nicht leben. Die Rente ist nach der Vorstellung des Gesetzgebers auch darauf angelegt, dass der Berufsunfähige, der ja nur seinen bisherigen Beruf und ihm sozial zumutbare andere Tätigkeiten (sogenannte Verweisungstätigkeiten, ---⟩ ab Seite 81) nicht mehr verrichten kann, neben der Rente in anderen Berufen arbeitet oder – falls ihm solche Tätigkeiten nicht vermittelt werden können – andere Sozialleistungen bezieht, wie Krankengeld, Arbeitslosengeld oder gar – nach Ausschöpfung dieser Leistungen – zur Aufstockung der Rente Arbeitslosengeld II.

Erzielt der Berufsunfähige außer der Rente Einkommen aus einer Beschäftigung oder selbstständigen Tätigkeit oder bezieht er andere Sozialleistungen, kann es passieren, dass die Rente gekürzt wird, weil Einkommen und Sozialleistungen ab einer bestimmten – von Rentner zu Rentner unterschiedlichen – Höhe auf die Rente angerechnet werden (---⟩ ab Seite 73). Wenn Sie diese Schwierigkeiten vermeiden wollen, sollten Sie rechtzeitig vorsorgen und zur Ergänzung der staatlichen Rente bei Berufsunfähigkeit eine private Berufsunfähigkeitsversicherung abschließen, sodass Ihre Versorgung gesichert ist (---⟩ ab Seite 97).

Berufsunfähigkeit

Nach Vorstellung des Laien sind Menschen berufsunfähig, wenn sie wegen Krankheit ihren bisherigen Beruf nicht mehr ausüben können. Hat jemand eine Ausbildung als Autoschlosser absolviert und viele Jahre in seinem Beruf gearbeitet, dann ist er berufsunfähig – so sollte man meinen –, wenn er den Anforderungen dieses Berufs wegen Krankheit oder Behinderung nicht mehr gewachsen ist. Diese Vorstellung von Berufsunfähigkeit entspricht jedoch nicht dem Gesetz. Das Unvermögen, seinen bisherigen Beruf auszuüben, ist vielmehr nur die erste und zwingende Voraussetzung für den Eintritt von Berufsunfähigkeit, denn wer seinen bisherigen Beruf noch vollwertig verrichten kann, ist natürlich von vornherein nicht berufsunfähig.

03

Allerdings sind hier bereits gesetzliche Einschränkungen zu beachten: Nicht entscheidend ist, dass der Versicherte seinen Beruf nicht mehr in dem zeitlichen Umfang bewältigen kann, wie es der tägliche Arbeitseinsatz an seinem konkreten Arbeitsplatz erfordert(e).

6-Stunden-Grenze

Wird von einem Bankkaufmann durchgängig verlangt, dass er über die tarifliche Arbeitszeit hinaus wegen des hohen Arbeitsanfalls täglich Überstunden macht, dann ist es für den Rentenanspruch ohne Bedeutung, wenn er wegen Krankheit diesem (erhöhten) Arbeitspensum nicht mehr gewachsen ist. Entscheidend für die Rente ist vielmehr allein, ob er seinen bisherigen Beruf keine 6 Stunden täglich mehr bewältigen kann. Ist er gesundheitlich noch in der Lage, seinen Beruf täglich 6 Stunden auszuüben und „nur" den erhöhten zeitlichen Anforderungen seines Arbeitsplatzes nicht (mehr) gewachsen, so ist er arbeitsunfähig im Sinne der gesetzlichen Krankenversicherung. Für den Eintritt von Berufsunfähigkeit ist dies ohne Bedeutung. Allein maßgeblich ist die 6-Stunden-Grenze.

Darüber hinaus liegt Berufsunfähigkeit – wie erwähnt – auch nicht schon dann automatisch vor, wenn der Versicherte seinen bisherigen Beruf krankheitsbedingt nicht mehr 6 Stunden täglich bewältigen kann. Vor der Rentengewährung ist vielmehr nach dem Gesetz zu prüfen, ob die durch Krankheit eingeschränkte Leistungsfähigkeit, die der Ausübung des bisherigen Berufs entgegensteht, noch ausreicht, um sozial zumutbare andere Tätigkeiten (sogenannte Verweisungstätigkeiten) mindestens 6 Stunden täglich zu bewältigen. Erst wenn der Versicherte auch hierzu nicht mehr in der Lage ist, ist er berufsunfähig. Zumutbar ist eine solche andere Tätigkeit, wenn sie der Wertqualität des bisherigen Berufs noch weitge-

Verweisungstätigkeiten

hend entspricht. Dabei muss der Versicherte auch einen gewissen beruflichen Abstieg einschließlich damit verbundener Lohneinbußen in Kauf nehmen. Kann der Versicherte derartige andere ihm sozial zumutbare Tätigkeiten noch 6 Stunden täglich verrichten, ist er nicht berufsunfähig, auch wenn er seinen bisherigen Beruf (krankheitsbedingt) nicht mehr ausüben kann und schon aufgeben musste. Ohne Bedeutung ist dabei, ob ihm eine zumutbare Verweisungstätigkeit vermittelt werden kann. Es ist im Ergebnis nur theoretisch zu prüfen, ob die Ausübung einer sozial zumutbaren Verweisungstätigkeit gesundheitlich noch möglich ist.

Vermittelbarkeit nicht maßgeblich für Rentenanspruch

Versorgungslücken

Ist der Versicherte also noch in der Lage, einen sogenannten Verweisungsberuf auszuüben, hat er keinen Anspruch auf Rente wegen verminderter Erwerbsfähigkeit, auch wenn er seinen bisherigen Beruf, in dem er langjährig gearbeitet hat und der ihm seinen Lebensunterhalt sicherte, nicht mehr ausüben kann. Diese Versorgungslücke wird häufig dadurch geschlossen, dass nach Aufgabe des bisherigen Berufs – jedenfalls für einen gewissen Zeitraum – Anspruch auf andere Sozialleistungen besteht, wie zum Beispiel auf Krankengeld oder Arbeitslosengeld. Sind diese – nur auf Zeit angelegten – Sozialleistungsansprüche jedoch erschöpft, verbleibt bei Bedürftigkeit lediglich der Anspruch auf Arbeitslosengeld II. Dieser setzt jedoch voraus, dass zuvor – abgesehen von bestimmten Schonbeträgen – alle Ersparnisse verbraucht sind und auch keine sonstigen Einkünfte erzielt werden. Sie sollten deshalb zur Vermeidung dieser Versorgungslücke erwägen, auch einen Vertrag über eine private Rente wegen Berufsunfähigkeit abzuschließen, die die Möglichkeit einer Verweisung auf andere Tätigkeiten ausschließt, sodass Sie bereits Anspruch auf Rente haben, wenn Sie Ihren bisherigen Beruf nicht mehr ausüben können (⸱⸱⸱⟩ ab Seite 97). Achten Sie dabei auch auf die Laufzeit des Vertrags, damit sichergestellt ist, dass Sie die Rente auch bis zu der für Sie maßgeblichen

Regelaltersgrenze beziehen (⸳⸳⸳⟩ zur Regelaltersgrenze Seite 28 und insbesondere die Tabelle auf Seite 29).

Diese oben beschriebenen, recht komplizierten Voraussetzungen des Versicherungsfalls der Berufsunfähigkeit, die Ihnen bislang zwangsläufig noch unklar erscheinen müssen, sollen nun zum besseren Verständnis anhand von Beispielfällen im Einzelnen behandeln werden.

03

Ausgangspunkt für die Beurteilung der Berufsunfähigkeit ist der bisherige Beruf des Versicherten. Er ist der Maßstab für die Berufsunfähigkeit. Dabei ist die Chance, eine Rente wegen Berufsunfähigkeit zu erhalten, umso größer, je qualitätvoller und höherwertiger der Beruf des Versicherten ist.

DER BISHERIGE BERUF

Für die Frage, ob Berufsunfähigkeit vorliegt, ist natürlich der Beruf des jeweiligen Rentenantragstellers von entscheidender Bedeutung. Es liegt auf der Hand, dass zum Beispiel ein Maurer, der nach einem Unfall im Rollstuhl sitzt, als Maurer nicht mehr arbeiten kann, während ein kaufmännischer Angestellter möglicherweise in der Lage ist, seinen Beruf auch im Rollstuhl noch vollwertig auszuüben, sodass Berufsunfähigkeit nicht vorliegt. Die Frage, welcher Beruf für die Beurteilung der Berufsunfähigkeit entscheidend ist, lässt sich leicht beantworten, wenn jemand in seinem Erwerbsleben nur einen Beruf ausgeübt hat. Hat zum Beispiel ein Versicherter eine Lehre als -Industriekaufmann absolviert und anschließend 30 Jahre in seinem erlernten Beruf gearbeitet, dann ist natürlich der Beruf des Industriekaufmanns für die Beurteilung seiner Berufsunfähigkeit maßgeblich. Komplizierter wird die Angelegenheit jedoch, wenn ein Versicherter in seinem Erwerbsleben mehrere Berufe ausgeübt hat.

Der letzte versicherungspflichtige Beruf ist entscheidend

Nach dem Gesetz ist für die Feststellung der Berufsunfähigkeit der „bisherige Beruf" maßgeblich. Dies ist nach der ständigen
Rechtsprechung des Bundessozialgerichts im Regelfall die zuletzt nicht
nur vorübergehend in Deutschland oder einem EU-Land vollwertig aus-
geübte versicherungspflichtige Tätigkeit (vgl. zum Beispiel BSG, Urteil vom
17.6.1993, Az.: 13 RJ 23/92).

Ein Versicherter hat eine Ausbildung als Bäcker absolviert und
anschließend 15 Jahre in diesem Beruf gearbeitet. Als ihm
eine Stelle als Bürohilfskraft angeboten wird, nimmt er das Angebot an,
weil er als Büroangestellter nicht mehr so früh aufstehen muss und mit
dieser körperlich leichteren Arbeit nahezu genauso viel verdient wie als
Bäcker. Vier Jahre später erleidet er einen Unfall und ist anschließend an
den Rollstuhl gefesselt. Als Bürohilfskraft kann er nach einiger Zeit wieder
arbeiten. Ein Einsatz als Bäcker wäre im Rollstuhl unmöglich. In diesem
Fall ist – als letzte versicherungspflichtige Erwerbstätigkeit – der Beruf der
Bürohilfskraft für die Frage entscheidend, ob Berufsunfähigkeit vorliegt.
Da der Versicherte diese Tätigkeit wieder vollwertig bewältigen kann, ist
er nicht berufsunfähig. Ohne Bedeutung ist dabei für die Frage der Berufsunfähigkeit, dass er früher den Beruf des Bäckers erlernt und langjährig
ausgeübt hat und diesen Beruf nicht mehr verrichten kann.

**Aufgabe des Berufs
wegen Krankheit**

Anders sähe jedoch die Rechtslage aus, wenn der Versicherte den Bäckerberuf aufgegeben hätte, weil er an einer
Mehlstauballergie erkrankt war. In diesem Fall wäre bei der
Beurteilung der Berufsunfähigkeit auf den Beruf des Bäckers
abzustellen und die letzte Tätigkeit als Bürohilfskraft wäre
hierfür ohne Bedeutung. Der Unterschied zum vorherigen Fall
besteht darin, dass der Versicherte hier den Bäckerberuf aus
gesundheitlichen Gründen aufgeben musste, während er sich
im Fall zuvor aus anderen Gründen dafür entschieden hatte,
die Tätigkeit als Bäcker aufzugeben und die einer Bürohilfskraft aufzunehmen. Im vorherigen Fall hat sich der Versicherte
– wie die Rechtsprechung formuliert – freiwillig vom Beruf des
Bäckers gelöst (BSG, Urteil vom 8.10.1992, Az.: 13 RJ 41/91).

Nach der Rechtsprechung ist der letzte Beruf für die Beurteilung der Berufsunfähigkeit nicht heranzuziehen, wenn der Versicherte einen früheren Beruf aus gesundheitlichen Gründen aufgegeben hat, der im Vergleich zum letzten Beruf höherwertig war, womit die Chance auf Gewährung einer Rente – wie bereits erwähnt – größer wird (detaillierte Erläuterung ····⟩ ab Seite 86). Es ist nämlich gerade die Aufgabe der gesetzlichen Rentenversicherung, den Versicherten vor gesundheitlichen Risiken und Beeinträchtigungen zu schützen (vgl. BSG, Urteil vom 17.12.1991, Az.: 13/5 RJ 14/90). Im Ausgangsfall ist der Bäckerberuf als Facharbeitertätigkeit im Vergleich mit der ungelernten Tätigkeit als Bürohilfskraft höherwertig. Da der Versicherte den Beruf des Bäckers als Rollstuhlfahrer und wegen seiner Mehlstauballergie nicht mehr ausüben kann und andere sozial zumutbare Tätigkeiten nicht ersichtlich sind, ist er berufsunfähig. Dem steht nicht entgegen, dass er als Bürohilfskraft noch arbeiten kann, denn die Verrichtung von Hilfsarbeiten ist für einen ehemaligen Facharbeiter (sozial) nicht zumutbar (····⟩ Einzelheiten Seite 89). Sie sehen also, wie wichtig es sein kann, welcher Beruf als Maßstab für die Berufsunfähigkeit heranzuziehen ist (····⟩ zu der komplizierten Frage, auf welche anderen Berufe sich Versicherte verweisen lassen müssen, ab Seite 88).

Schutz vor gesundheitlichen Risiken

03

DIE VERWEISBARKEIT DER VERSICHERTEN

Berufsunfähigkeit setzt, wie Sie schon erfahren haben, zunächst voraus, dass der Versicherte durch Krankheit gehindert ist, seinen bisherigen Beruf zumindest 6 Stunden täglich auszuüben. Dies hat jedoch nicht automatisch auch Berufsunfähigkeit zur Folge. Vor der Rentengewährung ist vielmehr zu prüfen, ob die eingeschränkte Leistungsfähigkeit – die der Ausübung des bisherigen Berufs entgegensteht – noch ausreicht, um sozial zumutbare andere Tatigkeiten (sogenannte Verweisungstätigkeiten) zumindest 6 Stunden täglich zu bewältigen. Dabei müssen sowohl ein (zumutbarer) beruflicher

Sozial zumutbare
Tätigkeiten

Abstieg als auch damit verbundene Lohneinbußen in Kauf genommen werden. Die entscheidende Frage besteht also darin, welche (Verweisungs-)Tätigkeiten für welche Versicherten sozial zumutbar sind und welche nicht. Damit steht und fällt der Anspruch auf Rente wegen teilweiser Erwerbsminderung bei Berufsunfähigkeit.

Mehrstufenschema

Um die Frage beantworten zu können, welcher berufliche Abstieg und damit welche Verweisungstätigkeiten – ausgehend vom bisherigen Beruf – sozial zumutbar sind, hat das Bundessozialgericht ein Mehrstufenschema entwickelt und darin alle Berufe in mehrere hierarchisch geordnete Berufsgruppen unterteilt (ständige Rechtsprechung, vgl. etwa BSG, Urteil vom 25.6.1986, Az.: 4a RJ 55/84). Der unterschiedliche berufliche Status der Berufe ergibt sich dabei zunächst aus der Dauer der jeweiligen Berufsausbildung.

Lassen Sie uns deshalb zunächst einmal die Berufsgruppen dieses Mehrstufenschemas betrachten, denn dann beantwortet sich die Frage, auf welche Tätigkeiten die Versicherten sozial zumutbar verwiesen werden können, ganz leicht.

Ungelernte Arbeiter und Angestellte

Der untersten Berufsgruppe gehören die sogenannten ungelernten Arbeiter und Angestellten an. Hierunter versteht die Rechtsprechung Hilfskräfte, die zur vollwertigen Verrichtung der von ihnen ausgeübten Tätigkeiten einer Einarbeitung oder Einweisung von höchstens drei Monaten bedürfen. Hierzu gehören zum Beispiel Bauhilfsarbeiter, Hilfspförtner oder Bürohilfskräfte.

Angelernte Arbeiter und Angestellte

Über der Berufsgruppe der Ungelernten ist die Berufsgruppe der sogenannten angelernten Arbeiter und Angestellten angesiedelt. Dies sind Versicherte, die zur vollwertigen Verrichtung ihres Berufs einer betrieblichen Einarbeitung von drei Monaten und mehr bis hin zu einer anerkannten Regelausbildung von bis zu zwei Jahren einschließlich bedürfen. Hierzu gehören zum Beispiel angelernte Maurer, Schlosser, Kranken- und Altenpflegehelfer, aber auch Berufskraftfahrer, für die nach der bis zum Jahr 2001 maßgeblichen Berufsausbildungsverordnung eine Ausbildung von zwei Jahren vorgeschrieben war (seitdem werden Berufskraftfahrer drei Jahre lang ausgebildet).

03

Der nächsthöheren Berufsgruppe werden die sogenannten Facharbeiter und die gelernten Angestellten zugeordnet. Als Gelernte werden von der Rechtsprechung Arbeiter und Angestellte angesehen, deren Beruf eine Regelausbildung von mehr als zwei Jahren, regelmäßig drei Jahren, voraussetzt. Hierbei handelt es sich um die typischen Lehrberufe wie die des Bäckers, Dachdeckers, Drehers, Elektrikers, Maurers, Tischlers, Schlossers, Friseurs, Einzelhandelskaufmanns, Industriekaufmanns, Altenpflegers, der Krankenschwester usw. (vgl. BSG, Urteil vom 14.5.1991, Az.: 5 RJ 82/89).

Facharbeiter und gelernte Angestellte

Darüber gibt es noch weitere Berufsgruppen mit qualitativ höherwertigen Berufen, wobei jedoch zwischen Arbeiter- und Angestelltenberufen unterschieden wird.

Bei den Arbeiterberufen steht über der Berufsgruppe der Facharbeiter als letzte und höchste Berufsgruppe die Gruppe der Facharbeiter mit Vorgesetztenfunktion. Hierzu gehören zum Beispiel Poliere und andere Vorarbeiter, die mehreren Facharbeitern gegenüber weisungsbefugt sind, nach der höchsten Tariflohngruppe bezahlt werden und die selbst Weisungen nur von Angestellten erhalten. Dieser Berufsgruppe sind auch selbstständige Handwerksmeister zuzuordnen, die ebenfalls in der Rentenversicherung pflichtversichert sind.

Facharbeiter mit Vorgesetztenfunktion

Bei den Angestelltenberufen ist über der Berufsgruppe der Gelernten zunächst die Berufsgruppe der Versicherten angesiedelt, die eine Meisterprüfung oder Fachschule erfolgreich abgeschlossen haben (4. Berufsgruppe). Der nächsthöheren

Obere Angestelltenberufe

Berufsgruppe gehören die Fachhochschul- und Hochschulabsolventen an (5. Berufsgruppe). Nach oben abgeschlossen
wird das für die Angestelltenberufe maßgebliche Berufsgrup-
penschema durch die Angestellten der Führungsebene (6. Berufsgruppe), deren hohe berufliche Qualifikation regelmäßig
auf einem Hochschulstudium beruht und die üblicherweise
ein Bruttoarbeitsentgelt über der Beitragsbemessungsgrenze
erzielen (vgl. BSG, Urteil vom 29.7.2004, Az.: B 4 RA 5/04 R;
vgl. auch BSG, Urteil vom 22.2.1990, Az.: 4 RA 16/89; ···} zur
Beitragsbemessungsgrenze Kapitel 1 „Ein erster Überblick",
Seite 24).

Die sozial zumutbare Verweisungstätigkeit

Zurück zum Ausgangspunkt: Das Mehrstufenschema ist von
der Rechtsprechung entwickelt worden, um einerseits den
Status des bisherigen Berufs zu bestimmen und andererseits
– am Status dieses Berufs orientiert – festlegen zu können,
auf welche anderen Berufe sich Versicherte verweisen lassen
müssen, ohne durch die Ausübung der Verweisungstätigkeit
einen sozial unzumutbaren Abstieg zu erleiden.

Abstieg um eine Berufsgruppe ist zumutbar

Die Frage, welche Verweisungstätigkeiten einem Versicherten sozial zumutbar sind, lässt sich vor dem Hintergrund
des Mehrstufenschemas nunmehr leicht beantworten: Jeder Versicherte muss einen Abstieg auf die nächstniedrigere
Berufsgruppe, das heißt auf Tätigkeiten der Berufsgruppe in
Kauf nehmen, die unter der Berufsgruppe seines bisherigen
Berufs angesiedelt ist. Kann er Berufe dieser Berufsgruppe
trotz seiner Krankheit noch 6 Stunden täglich verrichten, ist
er nicht berufsunfähig. Ist er hierzu nicht mehr in der Lage, ist
Berufsunfähigkeit eingetreten und er hat Anspruch auf Rente. Ob noch Berufstätigkeiten der übernächsten Berufsgruppe
verrichtet werden können, ob zum Beispiel ein Facharbeiter
noch Hilfsarbeiten ausüben kann, ist ohne Bedeutung, da eine
Verweisung auf diese Tätigkeiten (der übernächsten Berufsgruppe) sozial unzumutbar ist.

Es sind also zwei Prüfschritte vorzunehmen: Zunächst ist der Status des bisherigen Berufs des Versicherten zu bestimmen, also festzustellen, ob er der Berufsgruppe der Ungelernten, Angelernten, der Gelernten oder einer höheren Berufsgruppe zuzuordnen ist.

03

Ein ehemaliger Elektriker und eine ehemalige Krankenschwester wären beispielsweise der Berufsgruppe der Facharbeiter bzw. gelernten Angestellten zuzuordnen, da beide Berufe verrichtet haben, die eine Ausbildung von mehr als zwei Jahren voraussetzen.

Dabei setzt die Zuordnung zu einer Berufsgruppe, beim Elektriker und bei der Krankenschwester also zur Berufsgruppe der Gelernten, nicht voraus, dass der Versicherte die vorgesehene Ausbildung durchlaufen und die Abschlussprüfung bestanden hat.

Hat sich ein Bürogehilfe, der keine Ausbildung absolviert hat, während seiner langjährigen Tätigkeit in der Industrieverwaltung die Kenntnisse eines Industriekaufmanns angeeignet, so ist er als gelernter Angestellter anzusehen. Allein die tatsächlich vorhandenen beruflichen Kenntnisse und Fähigkeiten sind für den beruflichen Status entscheidend. Unerheblich ist, ob diese durch eine förmliche Berufsausbildung oder durch „learning by doing" erworben wurden. Dabei wird jedoch verlangt, dass der Versicherte auch tariflich wie ein gelernter Industriekaufmann entlohnt wurde und über die theoretischen Kenntnisse und praktischen Fertigkeiten verfügt, die gemeinhin von einem Industriekaufmann erwartet werden (vgl. BSG, Urteil vom 29.11.1979, Az.: 4 RJ 111/78).

In einem zweiten Prüfschritt ist sodann festzustellen, ob es Berufstätigkeiten aus der Berufsgruppe gibt, die unter der Berufsgruppe des bisherigen Berufs angesiedelt ist, die der Versicherte noch verrichten kann, obwohl er ja immerhin so krank ist, dass er seinen bisherigen Beruf nicht mehr 6 Stunden täglich bewältigen kann. In unseren Beispielfällen des Elektrikers und der Krankenschwester wäre also zu prüfen, ob sie jeweils trotz der gesundheitlichen Einschränkungen, die der Ausübung des bisherigen Berufs entgegenstehen, noch angelernte Arbeiten, also Tätigkeiten der Berufsgruppe verrichten können, die nach dem Mehrstufenschema unter der Berufsgruppe der Gelernten angesiedelt ist. Wenn dies zutrifft, dann ist Berufsunfähigkeit nicht gegeben. Lassen sich solche Arbeiten nicht finden, ist Berufsunfähigkeit gegeben.

Umstände des Einzelfalls sind maßgeblich

Diese Prüfung – zu der es mehr als hundert Leitentscheidungen des Bundessozialgerichts gibt – hängt natürlich immer von den besonderen Umständen des Einzelfalls ab und kann deshalb hier nur in ihren Grundzügen anhand einiger Beispielfälle dargestellt werden.

Ein gelernter Elektriker, der seinen bisherigen Beruf nicht mehr ausüben kann, weil er wegen seiner Erkrankungen nur noch körperlich leichte Arbeiten in wechselnder Körperhaltung bewältigt, muss sich als Facharbeiter zum Beispiel auf die angelernten Arbeiten eines Prüffeldelektrikers oder Verdrahtungselektrikers für Schalttafeln verweisen lassen. Hierbei sind kleine Haushaltsgeräte oder Steckdosen auf ihre Funktionstauglichkeit zu prüfen oder kleine Schalttafeln nach Plan zu verdrahten, sodass nur leichte körperliche Belastungen anfallen. Die Arbeiten werden im Sitzen, Stehen und Umhergehen verrichtet, sodass auch ein Wechsel der Körperhaltung gegeben ist. Die damit verbundene Lohneinbuße und den beruflichen Abstieg vom Facharbeiter auf angelernte Tätigkeiten muss der Versicherte als sozial zumutbar in Kauf nehmen (vgl. Urteil LSG Nordrhein-Westfalen vom 6.7.1990, Az.: L 3 J 51/90).

Restleistungsvermögen

Eine solche Verweisungstätigkeit muss konkret benannt werden, damit genau geprüft werden kann, ob das durch Krankheit eingeschränkte Restleistungsvermögen des Versicherten noch ausreicht, die Verweisungstätigkeit zu bewältigen. Berufsunfähigkeit liegt damit nicht vor. Unerheblich ist – wie bereits erwähnt –, ob ihm ein Arbeitsplatz als Verdrahtungs- oder Prüffeldelektriker vermittelt werden kann, denn die fehlende Vermittelbarkeit ist für den Rentenanspruch ohne Bedeutung.

Die Rechtslage gestaltet sich jedoch anders, wenn der Elektriker des vorigen Beispiels wegen einer Polyarthrose in der Feingeschicklichkeit seiner Hände eingeschränkt ist, sodass er nicht mehr in der Lage wäre, die feinen Verdrahtungsarbeiten eines Verdrahtungselektrikers zu verrichten. Da andere sozial zumutbare Verweisungstätigkeiten nicht ersichtlich sind, ist Berufsunfähigkeit gegeben.

03

Unerheblich wäre, dass er als Angehöriger der Berufsgruppe der Gelernten noch leichte Hilfsarbeiten, zum Beispiel als Nacht- oder Museumswärter, ausüben könnte, denn auf Hilfsarbeiten, also Arbeiten der untersten Berufsgruppe, sind Gelernte nicht verweisbar. Nach der ständigen Rechtsprechung des Bundessozialgerichts ist der Abstieg vom Facharbeiter bzw. vom gelernten Angestellten auf einfache Hilfsarbeiten nicht sozial zumutbar (ständige Rechtsprechung, vgl. etwa BSG, Urteil vom 27.4.1989, Az.: 5/5b RJ 74/87), da die Berufsgruppe der Ungelernten nach dem Mehrstufenschema mehr als eine Berufsgruppe unter der für Elektriker maßgeblichen Gruppe der Gelernten angesiedelt ist.

Kann der leistungsgeminderte Versicherte noch eine ihm sozial zumutbare Tätigkeit verrichten, steht dies jedoch nur dann der Berufsunfähigkeit entgegen, wenn er diese Arbeit zumindest 6 Stunden täglich ausüben kann.

Wäre also der Elektriker des letzten Beispiels nur noch in der Lage, die sozial zumutbaren Verweisungstätigkeiten des angelernten Prüffeld- und Verdrahtungselektrikers maximal 4 Stunden täglich zu bewältigen, wäre er ebenfalls berufsunfähig, weil er die Verweisungstätigkeit keine 6 Stunden täglich verrichten kann.

Für den Status eines Berufs kann auch die tarifliche Entlohnung Bedeutung haben. So können zum Beispiel Angelernte aufgrund ihrer tariflichen Entlohnung den Berufsstatus von

Bedeutung der tariflichen Entlohnung

Gelernten erlangen, obwohl sie keine Tätigkeit verrichten, die eine Ausbildung von mehr als zwei Jahren voraussetzt. Sie haben damit – durch den höheren beruflichen Status und die Eingruppierung in eine höhere Berufsgruppe – eine gute Chance, Rente wegen Berufsunfähigkeit zu erhalten.

Das Bundessozialgericht hat in einer Reihe von Entscheidungen den Grundsatz aufgestellt, dass die Dauer der Ausbildung nicht das alleinige Kriterium für die Qualität und den Status eines Berufs ist. Es komme vielmehr ganz entscheidend auf die tarifliche Eingruppierung an. Wenn ein Tarifvertrag eine von der Ausbildung her nur angelernte Tätigkeit einer gelernten dadurch gleichstellt, dass die angelernten Arbeiten nach derselben Lohngruppe bezahlt werden wie die Facharbeiten bzw. die Tätigkeiten eines gelernten Angestellten, dann erwirbt auch der Arbeiter den Status des Gelernten (vgl. etwa BSG, Urteil vom 14.5.1991, Az.: 5 RJ 82/89). Entscheidend ist jedoch, dass die Voraussetzungen der jeweiligen Tariflohngruppe erfüllt sind.

So sind Lkw-Fahrer ohne Ausbildung in der Regel als allenfalls kurzzeitig angelernte Arbeiter anzusehen, weil für die Ausübung ihres Berufs im Ergebnis nur der Führerschein der Klasse 2 erforderlich ist, der in wenigen Wochen erworben werden kann. Sind sie jedoch in einem Speditionsbetrieb in Nordrhein-Westfalen beschäftigt, findet der Lohntarifvertrag für die gewerblichen Arbeitnehmer des Speditions-, Lager- und Transportgewerbes des Landes Nordrhein-Westfalen Anwendung. Dann sind sie nach der Lohngruppe 4 dieses Tarifvertrags einem gelernten Facharbeiter gleichzustellen, wenn sie eine achtjährige Fahrpraxis (Führerscheinklasse 2) nachweisen können. Der Vorteil dieser Gleichstellung liegt darin, dass diese Kraftfahrer nunmehr als Facharbeiter anzusehen sind und nicht mehr – wie Angelernte – auf alle ungelernten Arbeiten verwiesen werden können (---> Seite 94), sondern nur auf angelernte Tätigkeiten. Da es solche Tätigkeiten in der Praxis in der Regel nicht gibt, erhalten diese Kraftfahrer aufgrund des durch Tarifvertrag erworbenen Facharbeiterstatus Rente wegen Berufsunfähigkeit.

Der Rentenversicherungsträger darf den Rentenantragsteller jedoch nicht auf jede beliebige, ihm sozial zumutbare Tätigkeit verweisen, sondern er ist hierbei an strenge Voraussetzungen gebunden. Die bloße Tatsache, dass zum Beispiel eine auf einer Intensivstation tätige Krankenschwester, die den besonderen Stressbelastungen ihres Berufs nicht mehr gewachsen ist, als gelernte Angestellte sozial zumutbar auf die Arbeiten einer angelernten Grafikdesignerin, die am Computer die zuvor von einem qualifizierten Designer entworfenen Werbebroschüren nach Anweisung farblich ausgestaltet, verweisbar ist, reicht allein noch nicht aus, um die Rente zu versagen. Der Rentenversicherungsträger muss vielmehr bei der Verweisung auf andere Tätigkeiten noch folgende Grundsätze beachten:.

03

Grundsätze für Verweisung

1. Der Versicherte muss zunächst einmal trotz seiner gesundheitlichen Beeinträchtigungen, die ja der Ausübung seines bisherigen Berufs entgegenstehen, noch in der Lage sein, den vom Rentenversicherungsträger genannten Verweisungsberuf vollwertig zu verrichten. Dies ist im Einzelfall auf der Grundlage von medizinischen Gutachten genau zu prüfen. Gegebenenfalls müssen der Rentenversicherungsträger oder im späteren Streitfall die Sozialgerichte auch berufskundliche Sachverständigengutachten einholen, in denen die körperlichen und psychischen Anforderungen des jeweiligen Verweisungsberufs – hier also die Tätigkeit der angelernten Grafikdesignerin – im Einzelnen beschrieben werden, damit diese exakt mit dem durch Krankheit eingeschränkten Restleistungsvermögen des Rentenantragstellers abgeglichen werden können.

Medizinische und berufskundliche Gutachten

Für unseren Beispielfall wollen wir unterstellen, dass die Krankenschwester den körperlichen und psychischen Anforderungen des Berufs der angelernten Grafikdesignerin gewachsen ist, der – jedenfalls gemessen am Beruf einer Krankenschwester auf einer Intensivstation – mit geringeren Anforderungen an die psychische Belastbarkeit zu bewältigen sein dürfte.

2. Die Verweisungstätigkeit muss außerdem den Kenntnissen und Fähigkeiten des jeweiligen Versicherten entsprechen, das heißt, er muss ihn mit seinen vorhandenen beruflichen Kenntnissen und Fähigkeiten ausüben können.

Einarbeitung in maximal drei Monaten

Dies wird von der Rechtsprechung nur bejaht, wenn der Verweisungsberuf von dem Rentenantragsteller nach einer Einarbeitungszeit von maximal drei Monaten vollwertig ausgeübt werden kann (vgl. etwa BSG, Urteil vom 29.3.1994, Az.: 13 RJ 35/93). Da eine Krankenschwester weder während ihrer Ausbildung noch während ihrer beruflichen Praxis Berührung mit computergestützten Designertätigkeiten gehabt haben dürfte, ist davon auszugehen, dass sie für die Einarbeitung in den Beruf der angelernten Grafikdesignerin mehr als drei Monate benötigt. Damit ist sie auf diese Tätigkeit nicht verweisbar. Sind andere Verweisungstätigkeiten nicht gegeben, liegt Berufsunfähigkeit vor.

Da nur auf Berufe verwiesen werden darf, die innerhalb einer Einarbeitungszeit von maximal drei Monaten vollwertig verrichtet werden können, ist die Verweisung von Gelernten oder Angehörigen höherer Berufsgruppen auf andere Berufe ihrer Berufsgruppe ausgeschlossen.

Eine leistungsgeminderte Krankenschwester könnte nicht auf Tätigkeiten eines Großhandelskaufmanns verwiesen werden, auch wenn sie diesen Arbeiten vielleicht noch gesundheitlich gewachsen ist und durch die Ausübung eines anderen Lehrberufs keinen sozialen Abstieg erleidet. Die vollwertige Verrichtung der Arbeiten eines Großhandelskaufmanns setzt – wie erwähnt – eine Lehre voraus. Eine bloß dreimonatige Einarbeitung oder Einweisung reicht hierfür nicht aus.

Die Verweisung von An- und Ungelernten

Versicherte der Berufsgruppe der angelernten Arbeiter und Angestellten müssen sich nach dem vom Bundessozialgericht

entwickelten Mehrstufenschema sozial zumutbar auf alle ungelernten Tätigkeiten verweisen lassen, denn die Berufsgruppe der Ungelernten ist unmittelbar unter der Berufsgruppe der
Angelernten angesiedelt. Auf diese Berufsgruppe sind Angelernte sozial zumutbar verweisbar. Sie müssen einen beruflichen Abstieg auf Hilfsarbeiten hinnehmen.

03

Gleiches gilt für die Berufsgruppe der Ungelernten. Sind Qualifikation und beruflicher Status des bisherigen Berufs wie bei
einem Hilfsarbeiter gering, kann durch die Ausübung anderer
ebenfalls geringwertiger Tätigkeiten (anderer Hilfsarbeiten) ein
sozialer Abstieg nicht eintreten. Diese Berufsgruppen haben
so gut wie keine Chance, eine Rente wegen Berufsunfähigkeit zu erhalten. Nach der Rechtsprechung gibt es nämlich auf
dem Arbeitsmarkt derartig viele Arbeitsplätze für Hilfskräfte,
dass auch leistungsgeminderte An- und Ungelernte, die noch
6 Stunden täglich arbeiten können, immer einen ihrem Restleistungsvermögen entsprechenden Arbeitsplatz finden können, auch wenn sie ihren bisherigen (an- oder ungelernten)
Beruf wegen Krankheit nicht mehr bewältigen können. Gelingt es nicht, ihnen einen solchen Arbeitsplatz zu vermitteln,
haben sie Anspruch auf Leistungen der Arbeitslosenversicherung, aber nicht auf Rente. Die Vermittelbarkeit eines Arbeitsplatzes ist für den Rentenanspruch auch hier ohne Bedeutung
(···} Seite 90).

Die besten Chancen, eine Rente wegen Berufsunfähigkeit zu
erhalten, haben bei den Arbeitern die Facharbeiter mit Vorgesetztenfunktion, also die Angehörigen der nach dem Mehrstufenschema höchsten Berufsgruppe für Arbeiter, und die
Angehörigen der oberen Angestelltenberufe (···} ab Seite 86).

So kann ein Baupolier, der auf den Baustellen im Wesentlichen mit Arbeiten der Bauüberwachung und Anweisung der Maurer und übrigen Mitarbeiter befasst war und damit den Status eines Facharbeiters mit Vorgesetztenfunktion hat, nach dem Mehrstufenschema des Bundessozialgerichts sozial zumutbar nur auf Facharbeiten verwiesen werden, also Arbeiten der Berufsgruppe, die eine Gruppe unter den Facharbeitern mit Vorgesetztenfunktion angesiedelt ist. Dabei ist natürlich auch hier die Verweisung auf Arbeiten beschränkt, die er innerhalb einer Einarbeitungszeit von drei Monaten vollwertig verrichten kann. Einzig denkbare Verweisungstätigkeit ist dann aber die des Maurers, denn andere Facharbeiten kann der Baupolier nicht in drei Monaten erlernen. Kann er jedoch schon die körperlich leichteren Arbeiten eines Poliers, der ja vorwiegend überwachend und aufsichtsführend tätig ist, nicht mehr verrichten, dann ist er natürlich erst recht nicht in der Lage, die körperlichen Anforderungen der einzig in Betracht kommenden Verweisungstätigkeit des Maurers zu bewältigen und damit berufsunfähig.

Können Hochschulabsolventen wie etwa ein Architekt oder ein Diplomkaufmann, die unterhalb der Führungsebene arbeiten und damit der 5. Berufsgruppe der Angestellten angehören, schon ihre Berufe, die durch ausnahmslos leichte körperliche Arbeiten geprägt sind, wegen Krankheit nicht mehr ausüben, dann sind sie auch nicht mehr in der Lage, Arbeiten der nächstniedrigeren Berufsgruppe zu bewältigen. Dies sind Tätigkeiten, die eine Meisterprüfung oder Fachhochschulausbildung voraussetzen, wobei auch hier nur auf Arbeiten verwiesen werden darf, die nach einer Einarbeitung von maximal drei Monaten voll beherrscht werden. Die dann als Verweisungsberufe allein in Betracht kommenden Arbeiten eines Betriebswirts oder Architekten mit Fachhochschulausbildung sind jedoch nicht weniger körperlich belastend als die der Hochschulabsolventen. Gleiches gilt für die psychischen Anforderungen dieser Tätigkeiten.

PRIVATE BERUFSUNFÄHIGKEITS-VERSICHERUNG

03

Die drastische Leistungsreduzierung der gesetzlichen Rentenversicherung im Fall der Berufs- und Erwerbsunfähigkeit hat die ergänzende Vorsorge in Form einer privaten Berufsunfähigkeitsversicherung für Arbeitnehmer und Selbstständige immer wichtiger werden lassen.

Doch so viel gleich vorweg: Dieser Abschnitt wendet sich an Leserinnen und Leser, die über eine bestehende Berufsunfähigkeitsversicherung verfügen und aufgrund ihres Gesundheitszustands vor dem Erreichen des regulären Rentenalters aus dem Arbeitsleben aussteigen möchten.

Ausstieg aus dem Arbeitsleben aus gesundheitlichen Gründen

Bei den Leistungen gibt es je nach Anbieter und Tarif große Unterschiede. Die private Berufsunfähigkeitsversicherung tritt nämlich nicht automatisch dann ein, wenn der Versicherte eine gesetzliche Berufs- oder Erwerbsunfähigkeitsrente bezieht. Zwar gibt es für die Leistungen der Versicherer einen vorgeschriebenen Mindeststandard – aber der ist mehr als dürftig. Ob ein einzelner Versicherer seinen Kunden mehr Schutz bietet, lässt sich erst beim genauen Studieren der Vertragsklauseln erkennen.

Gerade für Arbeitnehmer in hoch qualifizierten Berufen ist es von großer Bedeutung, dass der Versicherer auf die sogenannte abstrakte Verweisung verzichtet. Mit dem Vorbehalt des Verweisungsrechts lassen sich nämlich viele Anbieter eine Hintertür offen, durch die sie ihrer Zahlungspflicht entkommen können. Wie bei der gesetzlichen Versicherung können die Kunden dann dazu verpflichtet werden, im Fall der Berufsunfähigkeit auf einen geringer qualifizierten und schlechter bezahlten Job umzusatteln. Verzichtet der Anbieter auf diese Klausel, muss er schon dann bezahlen, wenn der Versiche-

Vorsicht

Weil die Versicherer aus nachvollziehbaren Gründen die Gesundheit der Antragsteller sehr genau unter die Lupe nehmen, ist es sinnlos, bei bereits erkennbaren Leiden oder Krankheiten noch schnell eine Police abschließen zu wollen. In diesem Fall wäre damit zu rechnen, dass eben diese Krankheit im Ernstfall als Leistungsgrund ausgeschlossen würde.

rungsnehmer seinem Beruf oder einer vergleichbaren Tätigkeit nicht mehr nachgehen kann. Kundenfreundliche Klauseln sehen daher vor, dass die Berufsunfähigkeit schon dann eintritt, wenn entweder ein konkret bezeichneter Beruf oder der „Beruf, der der bisherigen Lebensstellung entspricht" nicht mehr ausgeübt werden kann.

Fehlt der Verzicht auf „abstrakte Verweisung", könnte ein unter massiven Sehstörungen leidender Grafiker zur Annahme einer einfachen Bürotätigkeit mit geringer Bezahlung verpflichtet werden.

6-Monats-Prognose

Ein weiteres wichtiges Kriterium ist die sogenannte 6-Monats-Prognose. Hier verpflichtet sich die Versicherung zur Zahlung der Rente, wenn ein Arzt die voraussichtliche Berufsunfähigkeit für die nächsten sechs Monate bescheinigt.

Rentenzahlung bei verspäteter Meldung

Wird der Versicherte berufsunfähig, muss er dies innerhalb von drei Monaten der Versicherung melden. Üblicherweise steht dem Kunden bei verspäteter Mitteilung die Rentenzahlung erst ab dem Meldemonat zu. Manche Versicherer gewähren hingegen in solchen Fällen die rückwirkende Rentenzahlung ab dem tatsächlichen Eintritt der Berufsunfähigkeit. Diese kundenfreundliche Klausel schützt davor, dass wegen einer verspäteten Meldung bares Geld verloren geht. Bei den finanziellen Modalitäten ist es überdies von Vorteil, wenn die Versicherung beim Stellen des Leistungsantrags die Beiträge zinslos bis zur Entscheidung stundet.

Die Rentenzahlungen aus einer privaten Berufsunfähigkeitsversicherung sind zeitlich begrenzt und enden mit dem Ablauf des Vertrags. Wurde der Vertrag beispielsweise bis zum 60. Lebensjahr geschlossen, bleibt eine finanzielle Lücke bis zum Erreichen des regulären Rentenalters.

WEITERE RENTENLEISTUNGEN VON VERSICHERUNGEN

Unter gewissen Voraussetzungen können Sie vor dem Eintritt
ins reguläre Rentenalter mit Rentenzahlungen von bestimmten Versicherungen rechnen. Solche Zahlungen sind dann zu
erwarten, wenn beispielsweise aufgrund eines Unfalls eine
Verletztenrente gezahlt wird oder wenn Sie unter einer Berufskrankheit leiden.

03

GESETZLICHE VERLETZTENRENTE

Die gesetzliche Unfallversicherung ist ein Bestandteil der Sozialversicherung, der jedoch von vielen Arbeitnehmern kaum
wahrgenommen wird. Grund dafür ist, dass die Beiträge auf
der Lohn- und Gehaltsabrechnung nicht auftauchen – denn
im Gegensatz zu den anderen Sparten der Sozialversicherung
wird für die Zahlung der Beiträge ausschließlich der Arbeitgeber in Anspruch genommen. Abgesichert sind Unfälle, die
sich entweder im Betrieb oder auf dem Weg von bzw. zu der
Arbeit ereignen. Auch Berufskrankheiten, die nachweislich
auf gesundheitliche Schädigungen am Arbeitsplatz zurückzu-
führen sind, werden von der gesetzlichen Unfallversicherung
abgedeckt.

Nur Arbeitgeber zahlt Beiträge

Träger der gesetzlichen Unfallversicherung ist die Berufsgenossenschaft – für Beschäftigte im öffentlichen Dienst die Unfallkasse –, der Ihr Arbeitgeber angehört. Zunächst einmal ist
die Einrichtung dafür zuständig, bei einem betrieblichen Unfall
oder einer berufsbedingten Krankheit die Behandlungskosten
zu übernehmen. Ist der Arbeitnehmer so lange krankgeschrie-
ben, dass die Dauer der Lohnfortzahlung des Arbeitgebers
überschritten wird, erhält er von der Unfallversicherung Verletztengeld. Das ist sozusagen das Gegenstück zum Krankengeld der gesetzlichen Krankenversicherung.

Berufsgenossenschaft übernimmt Behand-lungskosten

Die Rentenberechnung

Wenn nach Ablauf von 26 Wochen die Arbeitsleistung immer noch deutlich gemindert ist, können betroffene Arbeitnehmer mit der Zahlung einer Verletztenrente rechnen. Voraussetzung ist, dass die Erwerbsfähigkeit um mindestens 20 Prozent eingeschränkt ist. Ob dies der Fall ist, wird vom Versicherungsträger selbst geprüft, der bei seiner Einschätzung auf branchenübliche Erfahrungswerte zurückgreift.

Die Berufsgenossenschaften agieren nach dem Grundsatz „Rehabilitation vor Rente". Das bedeutet: Die berufliche und soziale Wiedereingliederung stehen stets im Vordergrund aller Bemühungen. Eine Rente wird grundsätzlich erst gezahlt, wenn alle sinnvollen und zumutbaren Rehabilitationsmöglichkeiten ausgeschöpft sind. Vorübergehend kann jedoch auch schon während der beruflichen Rehabilitation eine vorübergehende Rentenzahlung erfolgen.

Die Höhe der Verletztenrente bemisst sich neben dem Grad der dauerhaften gesundheitlichen Beeinträchtigung nach dem Bruttoarbeitseinkommen in den letzten zwölf Monaten vor dem Eintreten des Versicherungsfalls. Diesen Betrag bezeichnen die Versicherungsträger als „Jahresarbeitsverdienst". Bei einem vollständigen Verlust der Erwerbsfähigkeit zahlt die Unfallversicherung zwei Drittel des Jahresarbeitsverdienstes als Rente – das ist die sogenannte Vollrente. Sonst wird eine Teilrente gezahlt, deren Höhe der Vollrente multipliziert mit dem Grad der Minderung der Erwerbsfähigkeit entspricht.

Ein Arbeitnehmer erleidet einen Betriebsunfall und verliert dadurch dauerhaft 70 Prozent seiner Erwerbsfähigkeit. Bei einem Jahresarbeitsverdienst von 42.000 Euro – das entspricht 3.500 Euro pro Monat – errechnet sich die monatliche Verletztenrente wie folgt:

3.500 Euro x 0,7 x 2/3 = 1.633,33 Euro

Die Unfallversicherungsträger zahlen diese Rente unabhängig von der Berufstätigkeit und vom Alter des Versicherten, solange die Voraussetzungen unverändert fortbestehen. Dies kann dazu führen, dass die Rente lebenslang und später auch zusätzlich zur gesetzlichen Altersrente gezahlt wird. Umgekehrt kann die Verletztenrente gekürzt oder sogar ganz gestrichen werden, wenn sich der Gesundheitszustand und damit die Erwerbsfähigkeit des Betroffenen wieder verbessert.

Kürzung oder Streichung der Rente

03

Eine wichtige Gemeinsamkeit mit der gesetzlichen Altersrente gibt es jedoch: Verletztenrenten werden zum selben Zeitpunkt wie die Renten der gesetzlichen Rentenversicherung und jeweils um denselben Prozentsatz erhöht.

Wege- und Arbeitsunfälle

Schon vor der Übernahme der Behandlungskosten wird die Berufsgenossenschaft oder Unfallkasse genau prüfen, ob sie auch wirklich zur Zahlung verpflichtet ist. Dies ist der Fall, wenn es sich um einen Wege- oder Arbeitsunfall handelt und weitere Voraussetzungen erfüllt sind.

Unter Wegeunfälle fallen zunächst einmal alle Unfälle, die sich auf dem direkten Weg zur Arbeit oder auf dem direkten Heimweg ereignen. Bei Abweichungen vom üblichen Weg gibt es die im Folgenden aufgelisteten Regelungen.

Wegeunfälle

Ein Wegeunfall ist ein Unfall auf einem abweichenden Weg, wenn

- Kinder wegen beruflicher Tätigkeit in fremde Obhut zu geben sind, zum Beispiel in den Kindergarten, zu den Großeltern oder zur Tagesmutter,
- die Abweichung durch Fahrgemeinschaften bedingt ist oder

- es sich um den Weg zwischen Familienwohnung und Unterkunft am Beschäftigungsort handelt.

Vorsicht

Kein Wegeunfall liegt hingegen vor, wenn die Fahrtroute für private Tätigkeiten wie beispielsweise Einkaufen oder Restaurantbesuche geändert worden ist.

Arbeitsunfälle liegen nicht nur dann vor, wenn sich direkt am Arbeitsplatz Unfälle ereignen. Auch Unfälle außerhalb des Betriebs wie beispielsweise auf Baustellen zählen dazu, wenn der Arbeitnehmer im Rahmen seiner beruflichen Tätigkeit dorthin abgesandt worden ist.

Grundsätzlich zahlt die gesetzliche Unfallversicherung auch dann, wenn der Arbeitnehmer durch unvorsichtiges Verhalten den Unfall mitverschuldet hat. Erst bei grober Fahrlässigkeit oder Vorsatz kann die Berufsgenossenschaft oder Unfallkasse ihre Leistungen verweigern.

So ist beispielsweise bei Wegeunfällen unter Alkoholeinfluss mit dem Verlust der Leistung zu rechnen, wenn der geschädigte Verursacher mehr als 1,1 Promille Alkohol im Blut hatte und damit absolut fahruntüchtig war.

Berufskrankheiten-Verordnung

Berufskrankheiten

Während bei Unfällen oft klar zugeordnet werden kann, ob es sich um einen privaten oder betrieblichen Unfall handelt, ist bei Berufskrankheiten die Grenze oftmals fließend. Zunächst einmal gilt dabei die Berufskrankheiten-Verordnung, die in der Anlage 1 die infrage kommenden Krankheiten aufführt. In erster Linie sind dies gesundheitliche Schädigungen durch

- Metalle, Gase, Lösemittel, Pestizide und
- weitere gesundheitsschädliche Stoffe,
- Erkrankungen des Bewegungsapparats zum Beispiel durch schweres Heben oder gelenkbelastende Tätigkeiten,
- lärmbedingte Schwerhörigkeit und
- Atemwegserkrankungen durch Staubbelastung der Lunge.

Allerdings ist nicht jede Erkrankung, die im Zusammenhang mit der beruflichen Tätigkeit auftritt, eine Berufskrankheit. Gerade bei Erkrankungen des Bewegungsapparats wie etwa Bandscheibenvorfällen oder Sehnenscheidenentzündungen kann die Ursache oftmals nicht hundert Prozentig dem beruflichen oder privaten Lebensbereich zugeordnet werden. Dies führt häufig zu gerichtlichem Streit zwischen Betroffenen und den Versicherungsträgern. Auf der anderen Seite können auch Krankheiten als Berufskrankheiten anerkannt werden, obwohl sie nicht in der Anlage zur Berufskrankheiten-Verordnung aufgelistet sind. Voraussetzung hierfür ist die wissenschaftlich haltbare medizinische Diagnose, dass die Krankheit durch die berufliche Tätigkeit verursacht worden ist.

PRIVATE UNFALLRENTE

Die überwiegende Zahl der Unfälle ereignet sich im Haushalt, im Straßenverkehr und bei Freizeitaktivitäten. Die private Unfallversicherung deckt diese Lebensbereiche ab. Wer nach einem Unfall dauerhafte gesundheitliche Schäden davonträgt, kann – sofern eine entsprechende Versicherungspolice vorhanden ist – je nach Vertrag mit einer einmaligen Zahlung oder mit einer privaten Unfallrente rechnen.

Wie hoch die Leistung der Unfallversicherung ausfällt, errechnet sich zunächst einmal aus der Versicherungssumme. Bleiben nach der Behandlung dauerhafte Behinderungen zurück, wird anhand der sogenannten Gliedertaxe ermittelt, welcher Anteil der Versicherungssumme ausgezahlt wird. Die Gliedertaxe ist eine Tabelle zur Bemessung der Invalidität und gibt für den Fall des vollständigen Verlusts oder der Funktionsunfähigkeit bestimmter Gliedmaßen oder Körperteile feste Invaliditätsgrade an. So ergibt beispielsweise der Verlust eines Daumens einen Invaliditätsgrad von 20 Prozent, der Verlust der Sehkraft auf einem Auge 50 Prozent oder der Verlust eines

Berufskrankheit oder nicht?

03

Tipp
Wenn Sie den Verdacht haben, an einer Berufskrankheit zu leiden, sollten Sie Ihren Hausarzt darauf ansprechen. Bei begründeten Hinweisen auf Berufskrankheiten sind Ärzte verpflichtet, dem Träger der gesetzlichen Unfallversicherung eine entsprechende Meldung zukommen zu lassen.

Gliedertaxe: Bemessung der Invalidität

Tipp

Ob die Auszahlung als Einmalbetrag oder als lebenslang garantierte Monatsrente erfolgt, können Sie als Versicherter bei Vertragsschluss selbst bestimmen.

Beins 60 bis 70 Prozent. Je nach Tarif können die Invaliditätsgrade auch höher sein.

Um bei schweren Folgeschäden die finanzielle Absicherung zu verbessern, bieten die meisten Unfallversicherer die Möglichkeit, zum zusätzlichen Beitrag eine Progression zu vereinbaren. Dies ist in der Regel deutlich günstiger als eine entsprechende Erhöhung der Versicherungssumme, da die Auszahlung großer Summen erst bei einem hohen Invaliditätsgrad erfolgt.

Wird bei einer Versicherungssumme von 50.000 Euro eine Progression von 300 Prozent vereinbart, erhält der Versicherte bei Vollinvidität 150.000 Euro. Beträgt der Invaliditätsgrad jedoch nur 50 Prozent, bekommt er nicht die Hälfte davon, sondern nur rund 35.000 Euro.

ERGÄNZENDE VORSORGE UND FINANZSTRATEGIE

Die gesetzliche Rentenversicherung bietet auch Leistungen für den Fall, dass der Rentenversicherte aufgrund seines Gesundheitszustands nicht mehr in der Lage ist, einer Vollzeitbeschäftigung nachzugehen und sich auf diesem Weg seinen Lebensunterhalt zu verdienen. Abhängig vom Grad der Einschränkung der Erwerbsfähigkeit regelt das Gesetz drei verschiedene Rentenarten: die Rente wegen voller Erwerbsminderung, wegen teilweiser Erwerbsminderung und wegen teilweiser Erwerbsminderung bei Berufsunfähigkeit.

Finanzielle Nachteile
vermeiden

Die Regelungen zum vorzeitigen Renteneintritt sind immer restriktiver geworden und bringen für Betroffene mehr denn je zuvor finanzielle Nachteile mit sich. Deshalb ist die zusätzliche Altersvorsorge in Eigeninitiative ein unabdingbarer Bestandteil des Gesamtkonzeptes, wenn Sie den vorzeitigen Eintritt in den beruflichen Ruhestand erwägen oder zwangsweise damit konfrontiert werden.

Bei den zusätzlichen Vorsorgemaßnahmen handelt es sich in aller Regel um eine Mischung aus betrieblicher und privater Altersvorsorge. In diesem Abschnitt erfahren Sie, welche Anlageformen zum Einsatz kommen können und wie Sie Ihre finanzielle Strategie im Hinblick auf den näherrückenden beruflichen Ruhestand gestalten sollten.

BETRIEBLICHE ALTERSVORSORGE

Arbeitnehmer ab 50

Mit Blick auf einen möglichen früheren Eintritt in die Rentenphase steht bei der betrieblichen Altersvorsorge weniger die Frage im Vordergrund, mit welchen Maßnahmen auf lange Sicht gewinnbringend und steuerschonend Vorsorgekapital gebildet werden kann. Entscheidend für Arbeitnehmer ab 50 ist unter diesem Gesichtspunkt, welche Ansprüche bereits bestehen und wie sie in absehbarer Zukunft genutzt werden können.

PAUSCHAL VERSTEUERTE DIREKT-VERSICHERUNGEN

Bis Ende 2004 konnten im Rahmen der betrieblichen Altersvorsorge Versicherungssparverträge zu besonders günstigen Rahmenbedingungen abgeschlossen werden. Die Beiträge werden direkt vom Bruttogehalt abgezogen und nur mit einer pauschalen Steuer von 20 Prozent plus Solidaritätszuschlag und gegebenenfalls Kirchensteuer belegt. Wird das Guthaben des Versicherungssparvertrags nach dem 60. Geburtstag ausgezahlt, dann bleiben sämtliche Gewinne steuerfrei. Im Rahmen des Bestandsschutzes konnten die Altverträge zu den damaligen günstigen steuerlichen Konditionen weitergeführt werden, was ein großer Teil der Arbeitnehmer auch in Anspruch genommen hat.

Bestandsschutz

04

Die Auszahlung der Versicherungen erfolgt entweder als einmalige Kapitalausschüttung oder in Form einer regelmäßigen monatlichen Rente. Diese wird dann mit dem sogenannten Ertragsanteil besteuert. Nähere Details zur Besteuerung finden Sie in Kapitel 9 „Steuer und Sozialabgaben im Rentenalter" ab Seite 177.

Auszahlvarianten

Pauschal versteuerte Direktversicherungen können sowohl vom Arbeitnehmer als auch vom Arbeitgeber finanziert werden.

WEITERE FORMEN DER BETRIEBLICHEN ALTERSVORSORGE

Seit Anfang 2002 bieten sich Arbeitnehmern und Arbeitgebern vielfältige Möglichkeiten bei der Gestaltung der betrieblichen Altersvorsorge. Arbeitnehmer haben jedoch nicht die freie Auswahl zwischen vielen unterschiedlichen Anbietern, sondern müssen das Vorsorgeprodukt nutzen, das Ihnen Ihr Arbeitgeber zur Verfügung stellt. Dabei gibt es neben der bereits erläuterten Direktversicherung die folgenden Varianten:

• **Pensionskasse:** Diese Institutionen sind Versicherungsvereine auf Gegenseitigkeit (VvaG), die das Geld ihrer Mitglieder so sicher wie eine Lebensversicherung anlegen müssen. Bislang gab es Pensionskassen vor allem in Großbetrieben, nun haben sich viele Anbieter auch für Mittelständler und Kleinbetriebe geöffnet. Neben der Gehaltsumwandlung sind auch private Einzahlungen aus dem versteuerten Einkommen nach dem Riester-Modell möglich. Weil Pensionskassen im Vergleich zu herkömmlichen

Versicherungen meist mit deutlich niedrigeren Kostensätzen arbeiten, bieten sich hiermit gute Renditechancen bei hoher Flexibilität und Sicherheit.

- **Unterstützungskasse:** Diese Einrichtung, die von einem oder mehreren Unternehmen getragen wird, verwaltet als Treuhänder die eingezahlten Beiträge und leitet diese an die Kapitalanlagegesellschaft weiter. Oft wird eine Lebens- oder Rentenversicherung über diese Zwischenstation bespart. Das Geld kann jedoch auch riskanter – beispielsweise in Aktien oder Investmentfonds – angelegt werden.

- **Pensionsfonds:** Das ist praktisch ein Investmentfonds, der bis zu 70 Prozent des Fondsvermögens am Aktienmarkt investieren darf. Auch hier haftet der Arbeitgeber wegen des höheren Kapitalmarktrisikos für Verluste im Fall eines Börsencrashs und muss die Lücke zum ursprünglich eingezahlten Kapital schließen, wenn die Fondsgesellschaft dazu nicht in der Lage ist.

- **Direktzusage:** Der Arbeitgeber hat die Möglichkeit, ohne die Zwischenschaltung von Pensionskassen oder -fonds den Beschäftigten einfach je nach Gehalt und Dauer der Betriebszugehörigkeit eine künftige Rente zuzusagen. Für diese Zahlungen müssen dann in der Bilanz entsprechende Rückstellungen gebildet werden, da sie aus den zukünftigen Gewinnen des Unternehmens finanziert werden müssen.

Als Arbeitnehmer haben Sie unabhängig vom jeweiligen Vorsorgemodell kaum ein Risiko, denn der Arbeitgeber muss für den Erhalt des eingezahlten Kapitals bzw. für die Zahlung der bereits erworbenen Ansprüche geradestehen. Ist dieser bis dahin pleite, übernimmt der Pensions-Sicherungs-Verein (PSV) praktisch als Feuerwehrfonds die Verpflichtungen. Alle Betriebe, die ihren Arbeitnehmern betriebliche Altersvorsorge anbieten, müssen Mitglied des PSV sein. Ausgenommen davon sind nur Unternehmen, die ausschließlich mit Pensionskassen oder Direktversicherungen arbeiten. Grund: Diese Finanzdienstleister verfügen über ein eigenes Einlagensicherungssystem, das bei Insolvenz eines einzelnen Anbieters die Guthaben der Kunden absichert.

Ab welchem Zeitpunkt die Auszahlung der Betriebsrente möglich ist, hängt von der Vertragsgestaltung ab. Generell wird jedoch eine Betriebsrente vom Finanzamt nur als solche anerkannt, wenn die folgenden Voraussetzungen erfüllt sind:

Anerkennung der Betriebsrente

- Die Altersversorgung darf erst nach Vollendung des 60. Lebensjahres – bei Zusagen ab 2011 nach Vollendung des 62. Lebensjahres – in Anspruch genommen werden und
- es muss eine Altersrentenleistung als Vollrente aus der gesetzlichen Rentenversicherung bezogen werden.

Vorsicht 04

Wie bei der gesetzlichen Rente müssen Arbeitnehmer auch bei der Betriebsrente mit Leistungskürzungen rechnen, wenn sie vor dem Erreichen der regulären Altersgrenze aus dem Erwerbsleben ausscheiden.

ZEITWERTKONTEN

Eine auf den ersten Blick sehr elegante Option auf den vorgezogenen Rentenbeginn bieten Zeitwertkonten, die mittlerweile in vielen Tarif- und Arbeitsverträgen verankert sind. Dabei ist auf eine wichtige Begriffsdifferenzierung zu achten: Während das „Arbeitszeitkonto" in erster Linie für den kurzfristigen Ausgleich von Arbeitszeitschwankungen konzipiert ist, dient das „Zeitwertkonto" langfristigen Zwecken – dies wird auch vom Gesetzgeber entsprechend getrennt behandelt.

Ein Zeitwertkonto kann gezielt genutzt werden, um schon Jahre vor dem Eintritt ins Rentenalter durch Mehrarbeit Zeitguthaben anzusammeln, das dann entweder in Form von reduzierter Arbeitszeit in den letzten Jahren vor Rentenbeginn oder einem früheren Renteneintritt „eingelöst" wird.

Ein Arbeitnehmer macht bei einer regulären Wochenarbeitszeit von 38 Stunden über fünf Jahre hinweg 200 Überstunden pro Jahr. Wenn diese auf das Zeitwertkonto gutgeschrieben und in Form eines früheren Rentenbeginns ausgezahlt werden, dann lässt sich auf diese Weise der Renteneintritt um ein halbes Jahr vorziehen.

Eingezahlt werden können nicht nur Überstunden, sondern auch

- Urlaubstage,
- Weihnachts- und Urlaubsgeld,
- Tantiemen,
- Zuschüsse des Arbeitgebers,
- sonstige Gehaltsbestandteile.

Absicherung gegen Insolvenz des Arbeitgebers

Ähnlich wie bei den klassischen Formen der betrieblichen Altersvorsorge sind auch die in Geldwert umgerechneten Zeitguthaben gegen die Insolvenz des Arbeitgebers abgesichert. Alle Unternehmen sind gesetzlich zu entsprechenden Maßnahmen verpflichtet. Das kann zum Beispiel durch einen Treuhänder oder eine Verpfändung erfolgen.

Versteuert werden die Auszahlungen aus einem Lebensarbeitszeitkonto wie ganz normales Gehalt. Die Gutschrift von Überstunden oder Gehaltsanteilen auf das Konto wird zunächst nicht mit Lohnsteuer und Sozialversicherungsbeiträgen belegt – diese werden dann bei der Auszahlung fällig.

Je nach Überstunden bzw. Gehaltsverzicht kann bei frühzeitigem Beginn mithilfe des Zeitwertkontos der Renteneintritt um einige Monate oder sogar Jahre nach vorn verlagert werden. Auch wenn der Arbeitgeber nicht verpflichtet ist, entsprechende Modelle anzubieten, kann es sich durchaus lohnen, ihn bei passender Konstellation auf eine mögliche individuelle Regelung anzusprechen.

Vorteile: Betriebliche Altersvorsorge ist eine sichere und in der Ansparphase steuerlich begünstigte Ergänzung zur gesetzlichen Rentenversicherung.
Nachteile: Über die Auswahl der Anlageform entscheidet allein der Arbeitgeber.

PRIVATE VORSORGE MIT STAATLICHER FÖRDERUNG

Gerade für diejenigen, die sich nicht erst mit 65 Jahren aus dem Berufsleben verabschieden wollen, reicht die gesetzliche und betriebliche Altersvorsorge in aller Regel nicht für die Deckung der Lebenshaltungskosten aus. Kapitalaufbau in Eigeninitiative ist daher unerlässlich, um allzu drastische Einbußen beim Einkommen im Rentenalter zu vermeiden. Eine Möglichkeit, um einige Jahre vor dem geplanten Rentenbeginn noch entsprechende Maßnahmen einzuleiten, bieten die staatlich geförderten Vorsorgemodelle in Form der Riester- und Rürup-Rente.

Kapitalaufbau in Eigeninitiative

04

RIESTER-RENTE

Um die Bürger zur privaten Altersvorsorge zu motivieren, hat der Staat die nach dem ehemaligen Arbeitsminister Walter Riester benannte Riester-Rente ins Leben gerufen. Das Vorsorgemodell richtet sich in erster Linie an Arbeitnehmer. Darüber hinaus können unter bestimmten Voraussetzungen auch Selbstständige im Sinne der Riester-Rente als „Arbeitnehmer" eingestuft werden – so etwa Handwerker oder Landwirte, die in der gesetzlichen Rentenversicherung pflichtversichert sind, und Angehörige kreativer Berufe wie Grafiker, Künstler, Autoren, die in der Künstlersozialkasse versichert sind.

Kriterien für förderfähige Sparpläne: Nicht jede Anlageform kann mit der Riester-Zulage gefördert werden. Weil der Staat die Sparer vor Verlusten durch spekulative Geldanlagen schützen will, muss jedes Sparprodukt ein Riester-Zertifikat erhalten, bevor es unter diesem Begriff angeboten werden darf. Dabei müssen die folgenden Voraussetzungen erfüllt werden:

Das Riester-Zertifikat

- Die Auszahlung darf frühestens mit Beginn der Altersrente oder ab dem 60. Lebensjahr erfolgen – und zwar nur über-

wiegend in Form einer regelmäßigen Rente. Bei Vertrags-
abschlüssen ab dem 1.1.2012 gilt ein Mindestalter von 62
Jahren. Maximal 30 Prozent des angesparten Kapitals können bei Renteneintritt auf einen Schlag ausgezahlt werden.

- Der Erhalt des eingezahlten Kapitals muss garantiert werden, ebenso zumindest jährlich gleichbleibende Renten-
auszahlungen.
- Die Abschluss- und Vertriebskosten müssen innerhalb der
Guthabenverrechnung über einen Zeitraum von zehn Jahren verteilt werden.
- Der Sparer muss vor dem Abschluss über die internen Kosten sowie die Fördermöglichkeiten informiert werden und
während der Laufzeit jährliche Kontoauszüge erhalten.

Art der Sparverträge

Aufgrund der staatlichen Einschränkungen kommt für das
Riester-Sparen nur eine kleine Auswahl an Anlageprodukten
infrage:

- **Banksparpläne:** Diese Variante funktioniert wie ein Raten-
sparvertrag, der eine feste oder variable Verzinsung bringen kann. Beim Eintritt ins Rentenalter wird das angesparte Guthaben in eine private Rentenversicherung eingezahlt,
die sofort mit der Rentenauszahlung beginnt.
- **Versicherungssparen:** Das Besparen eines Versiche-
rungsvertrags entspricht im Wesentlichen der klassischen
privaten Rentenversicherung – allerdings mit einer wichtigen Einschränkung: Während bei der herkömmlichen Rentenversicherung das gesamte Guthaben bei Rentenbeginn
ausgezahlt werden kann, ist bei der Riester-Variante nur die
Auszahlung von maximal 30 Prozent möglich.
- **Fondssparen:** Investmentfonds bergen zunächst einmal
das Risiko, dass aufgrund der Schwankungen an den Ka-
pitalmärkten der Erhalt des eingezahlten Guthabens eigentlich nicht garantiert werden kann. Im Vergleich zu
herkömmlichen Investmentfonds müssen daher die Ries-

ter-Fondsanbieter zusätzliche Garantien abgeben. Dies hat jedoch zur Folge, dass die Renditechancen im Vergleich zu einem herkömmlichen Aktienfonds deutlich eingeschränkt sind.

- **Wohn-Riester:** Hierbei handelt es sich entweder um förderfähige Bausparverträge oder um Riester-Immobilienkredite, bei denen die Tilgung förderberechtigt ist. Allerdings bleiben Eigenheime, die vor dem 1.1.2008 erworben worden sind, außen vor. Daher ist diese Riester-Variante für Arbeitnehmer im fortgeschrittenen Alter, die bereits ein Eigenheim besitzen, uninteressant.

04

Bei einem Zeithorizont von maximal zehn Jahren bis zum Beginn des beruflichen Ruhestands bringen Fonds- und Versicherungssparmodelle zumeist mehr Nachteile als Vorteile. Beim Fondssparen stehen aufgrund der relativ kurzen Ansparphase Anleihen und Geldmarktpapiere im Vordergrund, deren niedrige Renditen von den fondsinternen Kosten stark beeinträchtigt werden. Beim Versicherungssparen werden in die Police hohe Vertriebs- und Verwaltungskosten eingerechnet, die ebenfalls bei relativ kurzen Ansparzeiten einen großen Teil des Gewinns auffressen.

Varianten für kurze Ansparphase

Tipp

Wenn Sie einen Riester-Vertrag neu abschließen wollen, kommt bei den bereits erwähnten Rahmenbedingungen am ehesten ein Banksparplan infrage. Dieser bietet zwar ebenfalls nur eine bescheidene Verzinsung, ist jedoch frei von Verlustrisiken und nur mit minimalen Nebenkosten behaftet.

Riester-Zulagen

Die Riester-Förderung bezieht sich auf jährliche Einzahlungen in Höhe von 4 Prozent des Einkommens. Ausschlaggebend dafür ist jeweils das sozialversicherungspflichtige Einkommen des Vorjahrs. Jeder geförderte Riester-Sparer erhält zunächst einmal die Grundzulage von 154 Euro pro Jahr. Ehepaare können die doppelte Zulage kassieren, wenn zwei Verträge vorhanden sind. Dies gilt auch dann, wenn lediglich ein Partner berufstätig ist – allerdings nur unter der Voraussetzung, dass beide Ehepartner jeweils getrennte Sparverträge abschließen. Dazu kommen für jedes Kind noch gesonderte Zulagen in Höhe von 185 Euro, bei ab 2008 geborenen Kindern liegt die Kinderzulage bei 300 Euro. Liegt die Summe aus eigener Spar-

Kinderzulage

rate und staatlicher Zulage unterhalb der 4-Prozent-Grenze, werden die Zulagen anteilig gekürzt.

Sonderausgaben

Über die Förderung in Form direkter Zulagen hinaus können die Aufwendungen für die private Altersvorsorge im Rahmen der Sonderausgaben steuerlich geltend gemacht werden – auch über die Grenze von 4 Prozent des Einkommens hinaus. Die Obergrenze der steuerlich förderbaren Einzahlungen liegt bei 2.100 Euro pro Jahr. Das Finanzamt prüft automatisch, ob die Steuerersparnis aus den Sonderausgaben höher ist als die bereits gezahlte Zulage. Ist dies der Fall, wird die Differenz im Rahmen der Steuerrückerstattung ausgezahlt. Dazu müssen Sie eine Einkommensteuererklärung abgeben.

Ein unverheirateter Mann hat ein Bruttojahreseinkommen von 50.000 Euro und erhält 154 Euro Riester-Zulage. Aus eigener Tasche zahlt er zunächst 1.946 Euro dazu, um auf die jährliche Maximaleinzahlung von 2.100 Euro zu kommen. Wenn sein persönlicher Steuersatz 35 Prozent beträgt, hätte er aufgrund der Sonderausgaben einen steuerlichen Vorteil von 681 Euro. Von diesem Betrag wird nun die Grundzulage abgezogen, sodass er zusätzlich zu den 154 Euro Riester-Zulage noch eine Steuerrückerstattung von 527 Euro bekommt.

Bei Arbeitnehmern mit bereits älteren Kindern tritt die Riester-Zulage häufig in den Hintergrund, wenn die Kinder-Komponente wegfällt. In diesem Fall sollten Sie Ihr Augenmerk darauf richten, welche Fördersumme Ihnen ein Riester-Sparplan unter Berücksichtigung der Sonderausgaben bringt.

Vorteile: Zulagen und Steuervorteile machen die Riester-Rente zu einem interessanten Baustein im Vorsorgemix. Die Kapitalerhaltsgarantie zum Rentenbeginn sorgt für die nötige Sicherheit. **Nachteile:** Die Förderbegrenzungen machen die Riester-Rente für den schnellen Kapitalaufbau mit hohen Einzahlungen unattraktiv.

RÜRUP-RENTE

Die nach dem Regierungsberater Bert Rürup benannte Rürup-Rente kann von Arbeitnehmern und Selbstständigen gleichermaßen in Anspruch genommen werden. Es handelt sich dabei um ein vergleichsweise unflexibles Finanzprodukt, das Ihnen im Vergleich zur staatlichen Rentenversicherung kaum zusätzlichen finanziellen Spielraum zugesteht.

Für Arbeitnehmer und Selbstständige

04

Bei der Kapitalanlage entspricht die Rürup-Rente je nach Produktvariante einer privaten Rentenversicherung oder einem Fondssparplan. Beim klassischen Sparplan wird während der Ansparphase das Kapital nach Abzug der Verwaltungskosten von der Versicherungsgesellschaft vorrangig in sichere Anlagen wie Anleihen und Immobilien investiert, ein kleiner Teil kann auch in Aktien und Fonds fließen.

Bei fondsgebundenen Sparplänen gibt es im Gegensatz zur Versicherungsvariante keinen Garantiezins. Je nach Anbieter gibt es Fondspolicen entweder mit der Zusicherung des Kapitalerhalts oder als reine Fondsanlage, bei der die Anleger das volle Kapitalmarktrisiko tragen.

Am Ende der Ansparphase kann jedoch das Rürup-Guthaben nicht wie bei einer herkömmlichen Privatrentenversicherung auf einen Schlag oder auch nur teilweise ausgezahlt werden. Die Auszahlung ist nur in Form einer lebenslangen Leibrente möglich, mit dem Tod des Versicherten ist das gesamte eingezahlte Guthaben verloren. Gegen Aufpreis können folgende Bestandteile integriert werden:

Auszahlung nur als lebenslange Leibrente

- Die Absicherung von Hinterbliebenen durch die Weiterzahlung der Rente – meist zu 60 Prozent – nach dem Tod des Versicherten an den Ehepartner und
- die Absicherung gegen Berufsunfähigkeit.

Ansparphase

Ziemlich kompliziert sind die steuerlichen Berechnungen zur Rürup-Rente. Beim Ansparen gelten die gleichen Steuerregeln wie bei den Beiträgen für die gesetzliche Rentenversicherung. Zunächst einmal steht Ledigen ein Höchstbetrag für die Altersvorsorge von 20.000 Euro pro Jahr zur Verfügung, bei Verheirateten sind es 40.000 Euro. Bis zu dieser Obergrenze können Sie nach dem neuen Alterseinkünftegesetz, das die zunehmende Besteuerung der Renten vorsieht, Einzahlungen in Versorgungswerke, gesetzliche Rentenversicherung und Rürup-Sparpläne von der Steuer absetzen – allerdings nur bis zu einem bestimmten Prozentbetrag. Dieser liegt für das Jahr 2012 bei 74 Prozent. Das heißt: Sie können als Verheirateter Einzahlungen bis zu 40.000 Euro zu 70 Prozent geltend machen, die tatsächliche Grenze liegt somit in diesem Jahr bei 28.000 Euro. Der Prozentsatz wird jedes Jahr um 2 Prozentpunkte erhöht, sodass erst ab dem Jahr 2025 die Beiträge in voller Höhe abgesetzt werden können.

Auszahlphase

Die Auszahlungen im Rentenalter werden bei der Rürup-Rente genauso behandelt wie die Altersrente aus der gesetzlichen Rentenversicherung. Je nachdem in welchem Jahr Sie in den beruflichen Ruhestand treten und die Auszahlungen beginnen lassen, müssen Sie für den Rest Ihres Lebens einen bestimmten Prozentsatz der Renteneinkünfte versteuern. Bei Renteneintritt im Jahr 2015 sind Renteneinkünfte zu 70 Prozent steuerpflichtig, bei Rentenbeginn im Jahr 2020 liegt der Satz bei 80 Prozent, und die Neurentner ab dem Jahr 2040 müssen ihre Rente in voller Höhe versteuern.

Interessant ist die Rürup-Rente zunächst einmal für Selbstständige, da diese weder die Riester-Förderung noch die steuerlich begünstigte betriebliche Altersvorsorge in Anspruch nehmen können.

Für ältere Arbeitnehmer mit überdurchschnittlichem Einkommen kann die Rürup-Rente attraktiv sein, wenn bei der steuerlichen Absetzbarkeit noch Spielraum besteht – denn ein großer Teil der steuerlich anerkannten Altersvorsorgeaufwendungen wird zumeist von den Beiträgen für die gesetzliche Rentenversicherung beansprucht.

04

Vorteilhaft hierbei ist zunächst der steuerlich geförderte Gesamtbetrag der Einzahlungen, der weit über den Grenzen der betrieblichen Altersvorsorge oder des Riester-Sparens liegt. Weil die zusätzliche Altersvorsorge vergleichsweise hohe Einzahlungen erfordert, wenn nur noch wenige Jahre bis zum Renteneintritt bleiben, bietet das Rürup-Sparen den großzügigeren Rahmen.

Dazu kommt, dass bei relativ kurzer Spardauer die Steuerbelastung bei der Rentenzahlung recht günstig ist. Wer den Rentenbeginn im Jahr 2020 anvisiert, muss für jeden Rürup-Euro 10 Cent weniger als Einkommen angeben als derjenige, der auf das Rentenziel im Jahr 2030 spart.

Vorteile: Die Rürup-Rente bietet für Selbstständige ein steuerbegünstigtes Vorsorgemodell.
Nachteile: Die Produktgestaltung ist sehr unflexibel, weil das Guthaben ausschließlich für die Umwandlung in eine Leibrente verwendet werden darf.

WEITERE ANLAGEFORMEN IM ÜBERBLICK

Wenn der Renteneintritt vor dem Erreichen des regulären Rentenalters erfolgen soll, ist die private Zusatzvorsorge ein Muss. Zusätzlich zur Betriebsrente und zu staatlich geförderten Vorsorgepaketen in Form von Riester- oder Rürup-Rente ist in aller Regel noch der Aufbau von privatem Vorsorgevermögen erforderlich.

Anlagenmix

Dies kann mithilfe ganz unterschiedlicher Anlageprodukte geschehen, wobei in aller Regel ein ausgewogener Mix einzelner Anlageformen die praktikabelste Lösung ist. Bevor Sie Ihre individuelle Strategie ausarbeiten, sollten Sie daher die Chancen und Risiken sowie Vor- und Nachteile der gängigsten Anlageprodukte kennen.

VERZINSTE ANLAGEN BEI BANKEN

Banken bieten sichere Anlageprodukte an, die sich je nach Verzinsung und Zugriffsmöglichkeit für unterschiedliche Sparziele eignen. Allerdings sind dabei die Renditechancen sehr begrenzt.

Tagesgeldkonten

Hohe Flexibilität

Das Tagesgeldkonto ist eine einfach zu handhabende und sehr flexible Anlagemöglichkeit für die kurzfristig verfügbare Geldreserve. Die Anlage erfolgt per Überweisung, und der Abruf kann je nach Geldinstitut telefonisch, per Internet oder persönlich in der Filiale erfolgen. Die Rücküberweisung erfolgt immer auf das sogenannte Referenzkonto, das bei der

Referenzkonto

Kontoeröffnung angegeben wird und nur schriftlich und eigenhändig unterschrieben geändert werden kann. Damit wird verhindert, dass im Fall des Missbrauchs eines Onlinekontos das Geld auf ein fremdes Konto transferiert werden kann. Als Referenzkonto fungiert in aller Regel das eigene Girokonto. Bei der Verfügung gibt es weder ein monatliches Limit noch eine Kündigungsfrist. Wenn es notwendig ist, kann das komplette Guthaben von heute auf morgen abgerufen werden.

Vorteile: Tagesgeldkonten sind sehr flexibel und eignen sich am besten für die kurzfristige Anlage der Geldreserve.
Nachteile: Niedrige Zinsen machen dieses Produkt für den mittel- bis langfristigen Vermögensaufbau uninteressant.

04

Festgeldkonten und Sparbriefe

Auf einem Festgeldkonto wird Guthaben für einen bestimmten Zeitraum fest angelegt, ein vorzeitiger Zugriff ist nicht möglich. Die Mindestanlagedauer liegt je nach Anbieter meistens bei 30 bis 90 Tagen, die längsten Laufzeiten liegen oft bei mehreren Jahren. Gefordert wird in aller Regel eine Mindestanlagesumme, die je nach Bank stark variieren kann. Wenn die Laufzeit mehr als ein Jahr beträgt, werden die Zinsen zumeist jährlich ausgeschüttet. Bei der Fälligkeit gibt es zwei Möglichkeiten: Entweder wird das Festgeld aufgelöst und der Anlagebetrag plus Zins auf das Girokonto überwiesen, oder die Anlage verlängert sich automatisch, wenn der Kunde nicht bis zur Fälligkeit die Kündigung ausspricht. Die zweite Variante wird als „Prolongation" bezeichnet.

Mindestanlagedauer und -summe

Prolongation

Sparbriefe haben meist eine Laufzeit von einem bis zehn Jahren und sind damit praktisch die längerfristige Anlagevariante zum Festgeld. Auch hier gibt es Mindestanlagesummen und ein Zugriff vor der Fälligkeit ist nicht möglich.

Sparpläne sind weder mit Festgeldern noch mit Sparbriefen möglich, sodass sie im Hinblick auf die private Altersvorsorge am ehesten dann geeignet sind, wenn ein größerer Betrag bis zum Renteneintritt noch kurz- bis mittelfristig geparkt werden soll.

Tipp

Achten Sie beim Abschluss eines Festgeldkontos darauf, ob das Geld bei nicht erfolgter Kündigung automatisch wieder fest angelegt wird. In diesem Fall sollten Sie den Kündigungstermin auf keinen Fall verpassen, wenn Sie vermeiden wollen, dass Sie unfreiwilligerweise erst mit gehöriger Verspätung wieder an Ihr Geld kommen – denn bei Festgeldern ist eine vorzeitige Kündigung nicht möglich.

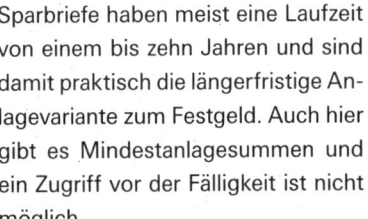

Vorteile: Neben der hohen Anlagesicherheit bieten Festgelder und Sparbriefe in aller Regel höhere Zinsen als Tagesgeldkonten. **Nachteile:** Weil weder regelmäßige Sparraten noch der flexible Zugriff möglich sind, ist das Einsatzgebiet dieser Anlageprodukte stark eingeschränkt.

Ratensparpläne

Je nach Anbieter können Ratensparverträge sehr unterschiedlich ausgestaltet sein. Das beginnt schon bei der Frage, ob der Zins über die Laufzeit des Sparvertrags festgelegt ist oder je nach Marktlage verändert werden kann. Beim Festzins haben Sie eine verlässliche Kalkulationsbasis, während beim Ratensparen mit variablem Zins das Endguthaben von der Entwicklung der Marktzinsen abhängig ist.

Gewinneinbußen möglich

Auch sollten Sie berücksichtigen, dass sich nicht alle Banken gleichermaßen flexibel zeigen, wenn Sie die Sparraten verändern oder aussetzen wollen. Zwar kann Sie die Bank nicht zwingen, Ihre Raten über die ganze vereinbarte Spardauer einzuzahlen. Doch bei manchen Sparverträgen wird die Verzinsung stark reduziert, wenn Sie Ihre Sparraten aussetzen. Damit müssen Sie gerade in Zeiten finanzieller Engpässe noch mit zusätzlichen Gewinneinbußen rechnen. Verschiedene Bedingungen gibt es auch bei der Frage, ob die Höhe der eingezahlten Raten verändert werden kann. Besonders flexibel sind Sie bei Sparverträgen, wo Sie zusätzlich zur vereinbarten Sparrate noch Extra-Einzahlungen leisten können.

Wenn Sie nicht genau wissen, wann Sie das angesparte Geld brauchen, sollten Sie bei der Verfügbarkeit flexibel bleiben. Doch das bietet nicht jede Bank: Bei manchen Instituten müssen Sie gleich zu Beginn entscheiden, wie lange der Sparvertrag laufen soll – und selbst wenn Sie während der Laufzeit mit dem Sparen aufhören, kommen Sie dennoch nicht vor Ablauf der Frist an Ihr Guthaben heran.

Häufig bieten Banken die Möglichkeit, innerhalb kurzer Zeit das Guthaben aufzulösen. Marktüblich ist bei dieser Variante eine Kündigungssperrfrist von neun Monaten in Verbindung mit einer dreimonatigen Kündigungsfrist. Konkret bedeutet das, dass Sie nach Ablauf von neun Monaten jederzeit kündigen können und Ihnen dann nach weiteren drei Monaten das Guthaben überwiesen wird. Der frühestmögliche Auszahlungstermin ist dann effektiv ein Jahr nach Vertragsbeginn.

Kündigungssperrfrist und Kündigungsfrist

04

Gerade bei solchen Verträgen mit flexibler Kündigungsmöglichkeit steigen die Erträge mit zunehmender Spardauer an – beispielsweise in Form einer Zinsstaffel: Das bedeutet dann, dass Sie im ersten Jahr 1,5 Prozent Zins erhalten, im zweiten Jahr 2,0 Prozent, im dritten Jahr 2,5 Prozent etc.

Zinsstaffel

Als zweite Möglichkeit wird eine Kombination aus Grundverzinsung plus laufzeitabhängiger Prämie angeboten. Hierbei wird jedes Jahr ein fester oder variabler Grundzins gutgeschrieben. Bei der Kündigung erhalten Sie dann noch eine Prämie, die mit zunehmender Spardauer immer höher wird. Die Prämie bezieht sich entweder auf das bislang eingezahlte Guthaben oder auf die Summe der bisher gutgeschriebenen Zinsen.

Prämie bei Kündigung

Die optisch oftmals hohen Prämien von beispielsweise 15 Prozent auf die eingezahlten Sparraten oder 50 Prozent auf die bislang gutgeschriebenen Zinsen sagen nur wenig über die tatsächliche Verzinsung des Sparvertrags aus. Beim Einholen von Angeboten sollten Sie deshalb darauf bestehen, dass Ihnen die Bank den Effektivzins für verschiedene Laufzeiten ausweist. Wichtig ist dabei der Begriff „Effektivzins": Nur hier wird aufgrund gesetzlicher Vorschriften der Zinseszinseffekt berücksichtigt. Wenig aussagekräftig sind hingegen Begriffe

Der Effektivzins

wie „durchschnittliche Wertentwicklung" oder „durchschnittlicher Jahreszins".

Vorteile: Ratensparpläne bieten Sicherheit und je nach Anbieter auch eine gewisse Flexibilität beim mittelfristigen Kapitalaufbau und sind in der Regel mit keinen zusätzlichen Kosten verbunden.
Nachteile: Die Produktgestaltung ist insbesondere bei Bonusregelungen oftmals unübersichtlich.

BUNDESWERTPAPIERE

Unter dem Begriff „Bundeswertpapiere" werden alle Anleihen zusammengefasst, die von der Bundesrepublik Deutschland als Schuldnerin herausgegeben werden. Für Privatanleger sind Bundeswertpapiere aus zwei Gründen interessant: Erstens hat die Bundesrepublik als Schuldnerin eine hervorragende Kreditwürdigkeit, und zweitens können die Wertpapiere auch in kleiner Stückelung kostenlos gekauft und verwaltet werden. Die für private Anleger geeigneten Bundeswertpapiere teilen sich in die folgenden Produkte auf:

- **Tagesanleihe:** Mit der Tagesanleihe macht der Bund direkt den Tagesgeldangeboten der Banken Konkurrenz. Die Verzinsung ist an den Marktzins für die Tagesgeldgeschäfte, die Banken untereinander tätigen, gekoppelt – das ist der sogenannte EONIA-Satz.
- **Bundesschatzbriefe:** Das sind die Wertpapiere mit dem berühmten „Zinstreppchen" – jedes Jahr gibt es ein bisschen mehr Zins. Beim Typ A werden die Zinsen jährlich ausgezahlt und die Laufzeit beträgt sechs Jahre. Typ B sammelt die Zinsen an und hat sieben Jahre Laufzeit. Bei Bundesschatzbriefen gibt es eine Sperrfrist von einem Jahr, und danach können sie jederzeit bis zu einem Betrag von 5.000 Euro pro Anleger und Monat zurückgegeben werden. Die Mindestanlage beträgt 50 Euro.

04

- **Bundesfinanzierungsschätze:** Diese Variante ist für die eher kurzfristige Anlage konzipiert, die Finanzierungsschätze gibt es wahlweise mit einem oder zwei Jahren Laufzeit. Die Zinsen sind fest, und eine vorzeitige Kündigung oder Rückgabe ist nicht möglich. Damit sind diese Papiere eine Alternative zum Festgeld oder Sparbrief. Die Mindestanlagesumme liegt bei 500 Euro.

- **Bundesobligationen:** Bei der Emission durch den Bund liegt die Laufzeit bei fünf bis fünfeinhalb Jahren, und der Zinssatz ist über die Gesamtlaufzeit festgeschrieben. Im Gegensatz zu Bundesschatzbriefen und Finanzierungsschätzen können Bundesobligationen auch an der Börse gekauft oder verkauft werden. Allerdings müssen Anleger unter Umständen damit rechnen, dass bei einem vorzeitigen Verkauf Kursverluste entstehen, wenn das Zinsniveau zwischenzeitlich gestiegen ist. Beim Einstieg in Bundesobligationen müssen Sie als Anleger mindestens 100 Euro investieren.

Bundeswertpapiere können wie Aktien oder Anleihen im Wertpapierdepot Ihrer Bank verwaltet werden. Dabei haben Sie allerdings den Nachteil, dass meistens laufende Gebühren für die Depotverwaltung verlangt werden. Vor allem bei kleineren Anlagesummen und entsprechend niedrigen jährlichen Zinsen kann dadurch ein großer Teil der Rendite von den Bankgebühren aufgefressen werden.

Weitaus kostengünstiger ist es, die Papiere bei der bundeseigenen Deutschen Finanzagentur ins Depot zu legen – dort zahlen Sie nämlich überhaupt keine Gebühren. Kauf, Depotführung, Rückgabe und Auszahlung bei Fälligkeit sind gebührenfrei. Lediglich beim Verkauf von Bundesobligationen über die Börse verlangt die Finanzagentur eine Ordergebühr in Höhe von 0,4 Prozent des Verkaufswerts. Die Verwaltung erfolgt wie bei einer Direktbank per Internet. Dort können Sie Kauf- und Verkaufsaufträge aufgeben, ausgeschüttete Zinsen

Gebührenfrei anlegen

wiederanlegen und Bundesschatzbriefe vorzeitig zurückgeben. Beim Eröffnungsantrag muss Ihre Hausbank durch die Legitimation der Unterschrift Ihre Identität bestätigen. Dafür darf sie jedoch gemäß einer Vorschrift der Deutschen Finanzagentur keine Extra-Gebühren verlangen.

Die Deutsche Finanzagentur

Deutsche Finanzagentur GmbH

Lurgiallee 5

60439 Frankfurt

www.deutsche-finanzagentur.de

Vorteile: Bundeswertpapiere sind eine sehr sichere Anlageform und verursachen bei der Depotführung durch die Deutsche Finanzagentur keine Nebenkosten. Dank der unterschiedlichen Einzelprodukte gibt es je nach Sparziel die passende Variante.
Nachteile: Bundeswertpapiere sind nicht gerade als Renditewunder bekannt, und zuweilen findet man bei Banken ähnlich aufgebaute Anlageprodukte mit besserer Verzinsung.

AKTIENFONDS

Aktienfonds bieten eine Alternative zur Direktanlage in Aktien. Anstatt die Aktien selbst auszusuchen, erwerben Sie Anteile an einem Aktienfonds und überlassen die Auswahl der im Fondsvermögen gehaltenen Einzeltitel dem Fondsmanagement. Anlagestil und Ausrichtung können sehr unterschiedlich sein, was letztlich für Sie als Anleger zu schwer vergleichbaren Verhältnissen von Gewinnchance und Verlustrisiko führen kann. Anhand der im Folgenden erläuterten Kriterien lassen sich Aktienfonds in Kategorien einordnen, sodass zumindest innerhalb derselben Kategorie ein realistischer Vergleich der bisherigen Entwicklung möglich ist.

- **Große oder kleine Unternehmen:** Aktienfonds setzen oft auf Unternehmen mit einer bestimmten Größe. Die sogenannten Standardwerte-Fonds konzentrieren sich auf Großkonzerne, die in ihrer Branche sozusagen den Standard setzen und in aller Regel in ihrem Segment international führend sind. Das Gegenstück dazu sind sogenannte Nebenwerte-Fonds, die sich eher auf kleinere Aktiengesellschaften konzentrieren. Die Fondsmanager hoffen dann darauf, vom Wachstum innovativer kleinerer Unternehmen und im besten Fall sogar von deren Aufstieg in die nächsthöhere Börsenliga zu profitieren. Bis vor einigen Jahren galt die Faustregel, dass Großkonzerne weniger krisenanfällig sind als kleinere Unternehmen und Standardwerte-Fonds somit im Vergleich zu Nebenwerte-Fonds weniger Schwankungen verursachen. Allerdings hat die Erfahrung der letzten Jahre gezeigt, dass auch Schwergewichte wie die Deutsche Telekom, die Großbank Hypo Real Estate oder der US-Autokonzern General Motors nicht gegen herbe Kursverluste gefeit sind. Ausschlaggebend für den Anlageerfolg ist eher die Sorgfalt und das Geschick des Fondsmanagements bei der Aktienauswahl.

- **Einschränkung auf Branchen:** Manche Aktienfonds beschränken sich auf bestimmte Branchen wie Internet und Telekommunikation oder Rohstoffproduzenten, während andere Fonds das Geld ihrer Kunden über alle wichtigen Industrie-, Handels- und Dienstleistungszweige verteilen. Hierbei ist ganz klar festzustellen, dass die Konzentration auf eine oder wenige ausgewählte Branchen das Schwankungsrisiko deutlich erhöht. Daher sollten Sie auf jeden Fall breit streuende Aktienfonds bevorzugen und Branchenfonds allenfalls als geringe Beimischung wählen, wenn Sie von den Zukunftsaussichten des betreffenden Anlagesegments hundert Prozentig überzeugt sind.

- **Einschränkung auf Regionen:** Die Bandbreite reicht hier vom weltweit anlegenden Fonds über Europa-Aktienfonds bis hin zu Nischenfonds wie Türkei- oder China-Aktienfonds. Auch Schwellenländer-Fonds sind den regional eingeschränkten Fonds zuzurechnen, ebenso die Fonds, die sich ausschließlich auf deutsche Aktien konzentrieren. Am sinnvollsten ist die Wahl eines Aktienfonds, der zumindest in den weltweit wichtigsten Märkten Europa, Nordamerika und Ostasien investiert ist. Wenn Sie das Währungsrisiko ausschalten wollen, sollten Sie statt eines Deutschland-Aktienfonds einen Fonds wählen, der Aktien aus allen Euro-Ländern enthält.

Hohe Nebenkosten

Aktienfonds sind mit erheblichen Nebenkosten verbunden. Beim herkömmlichen Erwerb über Banken oder Finanzvermittler wird in aller Regel der volle Ausgabeaufschlag in Höhe von rund 5 Prozent berechnet.

Tipp

Den Ausgabeaufschlag können Sie teilweise oder sogar ganz einsparen, wenn Sie die Fondsanteile über Discountbroker oder Direktbanken erwerben. Dort sind auch die laufenden Bankgebühren für die Verwaltung der Fondsanteile im Wertpapierdepot oftmals deutlich günstiger als bei den Filialbanken. Allerdings erhalten Sie bei Discountbrokern und Direktbanken keine Beratung, sodass Sie den passenden Aktienfonds selbst aussuchen müssen. Nicht verhandelbar ist die Höhe der fondsinternen jährlichen Verwaltungsgebühr, die bei aktiv gemanagten Aktienfonds zumeist zwischen 1,0 Prozent und 1,5 Prozent des angelegten Geldes liegt.

In Deutschland sind mehrere Tausend Aktienfonds zum Vertrieb zugelassen – angesichts dieser Masse fällt die Orientierung schwer. Die Berater von Banken oder Finanzvertrieben bieten oft wenig Hilfe, weil sie zumeist nur die „hauseigenen" Fonds offerieren, für die sie Verkaufsprovision erhalten. Discountbroker und Direktbanken bieten zwar oft eine breite Fondspalette an, doch dort bekommen Sie keine Beratung. Damit ist die Fondsauswahl immer mit Unwägbarkeiten behaftet – vor allem auch deshalb, weil Sie selbst bei einer guten Entwicklung in der Vergangenheit keine Garantie dafür haben, dass der Fonds auch künftig überdurchschnittliche Renditechancen bietet. Empfehlenswert ist es, bei der Auswahl auf die folgenden Kriterien zu achten:

- **Bisherige Wertentwicklung:** Der Fonds sollte seit mindestens fünf Jahren am Markt sein, damit Sie die Wertentwicklung realistisch einschätzen können. Besonders aussichtsreich sind Aktienfonds, die sowohl in Zeiten fallender Kurse wie auch in guten Börsenphasen überdurchschnittlich gut abschneiden. Als Vergleichsmaßstab dient meist der Index, innerhalb dessen der Fondsmanager die Aktien auswählt. Hilfe können auch die Informationsseiten von Fondsratingagenturen im Internet bieten oder die monatlichen Fondsvergleiche in der Zeitschrift Finanztest.

04

- **Größe des Fonds:** Gerade bei Aktienfonds gibt es oftmals kleine Nischenfonds, die nach ein paar Jahren wieder geschlossen werden, wenn das Anlagesegment wieder aus der Mode kommt. Das Fondsvermögen sollte bei mindestens 50 Millionen Euro liegen.
- **Ausrichtung:** Achten Sie darauf, dass sich die Anlageschwerpunkte des Fonds mit Ihren Anlagezielen decken. Als Basisanlage kommen entweder welt- oder Europaweit investierende Aktienfonds infrage, die ihr Vermögen auf alle wichtigen Branchen verteilen.
- **Kosten:** Auch die jährlichen Verwaltungsgebühren sind einen Blick wert. Je niedriger die laufenden Kosten, umso leichter wird es für den Fondsmanager, nach Abzug aller Kosten eine gute Rendite zu erzielen.

Aktienfonds sind in vollem Umfang den Schwankungen der Börsen ausgesetzt und können in schlechten Börsenphasen auch über längere Zeit hinweg Verluste verursachen. Dazu kommen bei international ausgerichteten Fonds die Schwankungen der Devisenkurse – und zwar unabhängig davon, ob der Fonds seinen Anlegern gegenüber in Euro oder in einer anderen Währung abrechnet.

Tipp

Eine kostengünstige Alternative zum aktiv gemanagten Aktienfonds sind sogenannte Indexfonds – auch als Exchange Traded Funds (ETF) – bezeichnet, die wie Einzelaktien an der Börse gehandelt werden und einen bestimmten Aktienindex abbilden. Durch die vollautomatische Zusammenstellung des Fonds werden bis zu 80 Prozent der jährlichen Verwaltungsgebühren eingespart. Bei Kauf und Verkauf müssen Sie die üblichen Ordergebühren einkalkulieren.

Aktienfonds nicht für
kurzfristige Anlage
geeignet

Das bedeutet: Als Aktienfondsanleger brauchen Sie einen langen Atem, und ein Anlagehorizont von weniger als zehn Jahren ist nicht empfehlenswert. Im Hinblick auf die private Altersvorsorge sollten Sie folglich spätestens zehn Jahre vor dem geplanten Renteneintritt zügig damit beginnen, Ihre Aktienfondsanteile in sicherere Anlageformen umzuschichten.

Vorteile: Mit Aktienfonds können Sie die Chancen der internationalen Börsen nutzen und Ihr Anlagekapital über die weltweit wichtigsten Aktienmärkte streuen.
Nachteile: Aktienfonds sind mit recht hohen Nebenkosten verbunden. Dazu kommen die hohen Schwankungsrisiken, die den Einsatz dieser Anlageklasse nur mit einem Anlagehorizont von mindestens zehn Jahren sinnvoll erscheinen lassen.

RENTEN- UND GELDMARKTFONDS

Rentenfonds haben trotz der Namensgleichheit mit der privaten oder gesetzlichen Rentenversicherung nichts zu tun. Der Begriff bezieht sich auf den Inhalt dieser Fonds: Die Fondsmanager legen das Geld ihrer Kunden vorrangig in fest oder variabel verzinste Anleihen an. Diese Wertpapiere werden aufgrund ihrer gleichmäßigen Ausschüttungen auch als „Rentenpapiere" bezeichnet.

Unterschiedliche Anla-
geschwerpunkte

Die Renditechancen und Schwankungsrisiken können bei Rentenfonds je nach Anlageschwerpunkt stark variieren. Die Unterschiede liegen meist in den im Folgenden genannten Kriterien, wobei es auch Kombinationen einzelner Merkmale geben kann – so beispielsweise Hochzinsanleihen-Fonds mit dem Schwerpunkt auf langlaufenden Anleihen.

- **Langläufer-Fonds:** Diese Fonds konzentrieren sich auf festverzinsliche Wertpapiere mit einer Restlaufzeit von zumeist fünf Jahren oder mehr. Im Vergleich zu kurzlaufenden Anleihen bringen Langläufer meist höhere Zinsen, allerdings fallen aufgrund der längeren Restlaufzeit bei Zinsänderungen auch die Wertschwankungen stärker aus. Wegen der größeren Schwankungsintensität sind Langläufer-Rentenfonds eher für die mittel- bis längerfristige Anlage geeignet.

04

- **Kurzläufer-Fonds:** Sie stellen das Gegenstück zu Langläufer-Fonds dar, indem sie in variabel verzinste Anleihen oder Anleihen mit kürzerer Restlaufzeit investieren. Dadurch fallen die Renditeschwankungen sehr gering aus, und entsprechend niedrig ist das Verlustrisiko. Allerdings ist die langfristige Rendite meist deutlich niedriger als diejenige von Rentenfonds mit dem Schwerpunkt auf langlaufenden Anleihen.

- **Internationale und Euro-Rentenfonds:** Bevor Sie sich für einen bestimmten Fonds entscheiden, sollten Sie sich überlegen, ob Sie Währungsrisiken eingehen wollen oder nicht. Risikofrei sind in dieser Hinsicht Rentenfonds, die ausschließlich auf Euro-Anleihen setzen. Dabei kommt es nicht darauf an, dass die Emittenten aus dem Euro-Raum stammen – entscheidend ist die Währung, in der die Anleihe notiert ist. Im Gegensatz zu Euro-Rentenfonds bieten internationale Rentenfonds mehr Renditechancen – doch diese müssen wie üblich auch mit einem höheren Schwankungsrisiko bezahlt werden. Die Streuung erfolgt hierbei über verschiedene Währungen. Bevorzugt werden dabei die großen und wichtigen Währungen der Industrienationen wie US-Dollar, Euro, japanischer Yen, britisches Pfund und Schweizer Franken.

- **Hochzinsanleihen-Fonds:** Während sicherheitsorientierte Rentenfonds Anleihen von Herausgebern mit erstklassiger Bonität bevorzugen, setzen Hochzins-Fonds auf Papiere mit geringerer Bonität wie beispielsweise Schwellenländer-Staatsanleihen oder Unternehmensanleihen. Aufgrund der höheren Zinsen sind damit entsprechende Rendite-

Vorsicht

Bei Rentenfonds sind sowohl die Ausgabeaufschläge wie auch die jährlichen Verwaltungsgebühren etwas niedriger als bei Aktienfonds. Allerdings wirken sich vor allem in Zeiten niedriger Marktzinsen die Gebühren stark auf die Rendite aus, sodass Bundeswertpapiere oder verzinste Anlagen bei Banken oftmals die günstigere Alternative sind.

chancen verbunden, jedoch sind auch häufig Renditeeinbußen durch Insolvenzen zu verzeichnen.

Tipp

Wie beim Aktieninvestment gibt es auch im
Segment der Rentenfonds passive Indexfonds
(ETFs), die exakt die durchschnittliche Wertentwicklung des jeweiligen Anleihensegments
abbilden. Unter anderem gibt es Indexfonds
für Euro-Staatsanleihen, Schwellenländeranlei-
hen, inflationsgebundene Anleihen, Pfandbriefe
und Unternehmensanleihen. Bei der Einmalanla-
ge stellt dies eine kostengünstige Alternative zu
herkömmlichen Rentenfonds dar.

Geldmarktfonds: Sie sind eine spezi-
elle Variante der Rentenfonds, die auf
minimierte Renditeschwankungen
und tägliche Verfügbarkeit ausgelegt
ist. Sie investieren das Kapital ihrer
Anleger vorrangig in täglich verfügbare Bankguthaben sowie in Anleihen mit variabler Verzinsung oder
kurzen Restlaufzeiten. Manche Fonds
halten darüber hinaus noch kleine
Aktienanteile oder Fremdwährungs-
anleihen, um die Renditechancen
für ihre Anleger zu verbessern. Die
meisten Fondsgesellschaften verlangen für diese Fonds keinen
Ausgabeaufschlag, weil dieser bei kurzer Anlagedauer über-
proportional an der Rendite zehren würde. Die fondsinternen
Verwaltungsgebühren liegen in der Regel bei deutlich weniger
als 0,5 Prozent des Guthabens. Allerdings hat die Erfahrung
der vergangenen Jahre gezeigt, dass mit einem gut verzinsten
Tagesgeldkonto eine bessere Verzinsung erzielbar ist.

Vorteile: Rentenfonds sind vor allem dann sinnvoll, wenn Sie
mit einer mittel- bis längerfristigen Geldanlage auf internationale Anlei-
hen setzen. Hier bieten diese Fonds eine breit angelegte Mischung, die
Sie als Privatanleger mit der Direktanlage in Anleihen zu vertretbaren
Kosten nicht bewerkstelligen können.
Nachteile: Vor allem Euro-Rentenfonds haben ein begrenztes Rendi-
tepotenzial und schneiden aufgrund der Gebühren in Zeiten niedriger
Marktzinsen oftmals enttäuschend ab. Bei Geldmarktfonds sind
Tagesgeldkonten meist die bessere Alternative.

MISCH- UND DACHFONDS

Durch Misch- oder Dachfonds haben Anleger die Möglichkeit, mit einem einzigen Anlagevorgang die unterschiedlichen Anlageklassen Aktien und Anleihen abzudecken. Bei der Auswahl der Fonds sollten Sie darauf achten, ob es sich um einen Mischfonds oder um einen Dachfonds handelt, denn die Produktgattungen haben unterschiedliche Merkmale.

04

Mischfonds investieren das Geld der Anleger direkt in einzelne Wertpapiere, wobei die Fondsmanager je nach Ausrichtung sicherheitsorientierte oder risikofreudige Strategien verfolgen.

Unterschiedliche Merkmale von Mischfonds

Die Manager von **defensiv ausgerichteten Fonds** setzen vor allem auf Anleihen, wobei Aktien als Beimischung für die Verbesserung der Renditechancen betrachtet werden. Der Aktienanteil ist meist auf etwa 20 bis 30 Prozent begrenzt, und die im Fonds enthaltenen Aktien und Anleihen stammen überwiegend aus den Euro-Ländern. Damit bergen diese Fonds in aller Regel auch nur ein geringes Währungsschwankungsrisiko.

Außerdem gibt es **ausgewogene Mischfonds,** bei denen Anleihen und Aktien in etwa gleich gewichtet werden. Auch die Währungsmischung zwischen Euro und fremden Währungen ist ausgewogen.

Aggressive bzw. offensive Mischfonds setzen hingegen überwiegend auf Aktien. Sowohl bei den Aktien wie auch im Anleihenportfolio sind fremde Währungen, manchmal auch von Schwellenländern, stark vertreten. Diese Fonds haben zwar fast die Renditechancen eines Aktienfonds – allerdings sind damit auch vergleichbare Verlustrisiken verbunden.

Seit einiger Zeit gibt es vermehrt Mischfonds mit **flexibler Ausrichtung.** Diese Fonds können je nach Marktlage und Einschätzung des Fondsmanagements einen defensiven, ausgewogenen oder aggressiven Charakter haben. Innerhalb weniger Monate kann sich dann der Fonds von einem defensiven Fonds mit 10 Prozent Aktienanteil in einen fast lupenreinen Aktienfonds wandeln. Bei solchen Produkten muss sich der Sparer überlegen, ob er es dem Fondsmanager zutraut, im richtigen Augenblick immer den passenden Strategieschwenk zu vollziehen.

Indirekte Art der Mischung

Bei **Dachfonds** erfolgt die Mischung auf indirekte Weise, weil diese Fonds nicht in Aktien und Anleihen investieren, sondern Anteile entsprechender Investmentfonds erwerben. Ähnlich wie bei Mischfonds gibt es auch bei Dachfonds Unterschiede in der Zusammensetzung. Aggressive Dachfonds setzen vorrangig auf Aktienfonds, bei ausgewogenen Strategien halten sich Aktien- und Rentenfonds die Waage, und konservative Dachfonds investieren vorzugsweise in Rentenfonds. Auch offene Immobilienfonds können beigemischt werden.

> Dachfonds dürfen nur in „richtige" Investmentfonds, nicht jedoch in andere Dachfonds investieren. Grund dieser aufsichtsrechtlichen Regelung: Unseriöse Anbieter könnten sonst Dachfonds so lange ineinander verschachteln, bis kaum noch jemand herausbekommen könnte, ob auf irgendeiner Ebene des Fondsgeflechts überhaupt noch real existierende Wertpapiere zu finden sind.

Geworben wird meist mit dem Argument, dass Dachfonds-Manager aus einer Vielzahl einzelner Zielfonds die renditeträchtigsten Anlageziele ausfindig machen können, sodass der Anleger nicht mehr ständig die Entwicklung auf dem immer unübersichtlich werdenden Investmentmarkt beobachten müsse. Allerdings bleibt fraglich, ob es den Dachfonds-Managern gelingt, diesem Anspruch gerecht zu werden. Immerhin bedienen sich die meisten Fondsmanager vorrangig bei den konzerneigenen Schwesterfonds – und damit darf die Objektivität der Auswahl durchaus infrage gestellt werden. Zwar haben Sie als Anleger bei der Auswahl von Fonds aus dem

Objektivität bei der Auswahl?

eigenen Konzern den Vorteil, dass Investmentfonds und Dachfonds keine doppelten Verwaltungsgebühren und Aufschläge berechnen dürfen. Investiert der Dachfonds jedoch in fremde Fonds, kommen zu den Aufschlägen des Dachfonds die Gebühren des fremden Anbieters hinzu.

04

Vorteile: Misch- oder Dachfonds bieten sich vor allem beim regelmäßigen Sparen mit kleineren Beträgen an, wenn alle Anlageklassen über einen einzigen Fondssparplan abgedeckt werden sollen. **Nachteile:** Aufgrund der uneinheitlichen Ausrichtung sind Misch- und Dachfonds oft schwer vergleichbar. Bei Dachfonds kommen als weiterer Nachteil die oftmals hohen fondsinternen Nebenkosten hinzu.

OFFENE IMMOBILIENFONDS

Offene Immobilienfonds investieren zu einem kleineren Teil in festverzinsliche Wertpapiere und Bankanlagen und vorrangig direkt in Immobilien. Die Fonds besitzen dabei eine Vielzahl an Immobilien in verschiedenen Städten, Regionen und Ländern. Möglich wird diese breite Streuung durch das hohe Fondsvermögen der einzelnen Fonds, das oft im Milliardenbereich liegt.

Breite Streuung

Das Immobilienportfolio ist zumeist eine Mischung aus Wohnimmobilien, Bürokomplexen, Hotels und Einkaufszentren. Meist machen Wohnimmobilien den kleinsten Teil aus, während Büroimmobilien den Schwerpunkt bilden. Grund hierfür ist, dass sich mit gewerblich genutzten Immobilien höhere Mietrenditen als mit vermieteten Wohnungen erzielen lassen.

Schwerpunkt: Büroimmobilien

Die geografische Verteilung der Immobilieninvestments kann je nach Fondsstrategie sehr unterschiedlich ausfallen. Früher waren die Fonds in aller Regel auf Deutschland beschränkt, doch seit einigen Jahren ist ein klarer Trend zur Internationalisierung erkennbar. Die einstigen Inlandsimmobilienfonds haben ihren Anlageraum mittlerweile auf die Euro-Länder er-

Trend zur Internationalisierung

weitert. Darüber hinaus gibt es einige Fonds, die auch gezielt außerhalb der Euro-Zone in Großbritannien, Ost Europa, Nordamerika und Asien investieren. Zumindest teilweise sind dabei üblicherweise die Investments gegen Währungsrisiken abgesichert.

Tipp

Für die Anleger bringt die geografische Öffnung der Fonds eher Vorteile als Nachteile, weil das „Länderrisiko Deutschland" durch die Streuung der Anlagen auf verschiedene Staaten deutlich reduziert wird.

Die Immobilienanlagen machen zwar den größten Teil, aber nicht das gesamte Fondsvermögen aus. Weil wie bei anderen Investmentfonds auch die Fondsanteile börsentäglich gekauft und zurückgegeben werden können, ist logischerweise das Fondsvermögen Schwankungen unterworfen. Würde es ausschließlich aus Immobilien bestehen, müssten im Bedarfsfall von heute auf morgen Immobilien verkauft werden, um aussteigende Anleger auszuzahlen – und das ist auf dem ziemlich engen Markt für Großimmobilien nicht möglich.

Um dennoch flexibel zu bleiben, legen die Fonds einen Teil der Anlegergelder auch in Anleihen und Bankguthaben an. Manche Fonds haben sogar kleinere Aktienbestände, die jedoch allenfalls einen Anteil am Fondsvermögen im Promillebereich

Liquiditätsanlagen

ausmachen. Die gesetzlich vorgeschriebene Mindestquote dieser sogenannten Liquiditätsanlagen liegt bei 5 Prozent. Meist ist der tatsächliche Anteil höher. In Zeiten hoher Mittelzuflüsse hatten einzelne Fonds schon bis zu 40 Prozent ihres Vermögens in liquiden Anlagen geparkt, um die Zeit bis zum Erwerb neuer Großimmobilien zu überbrücken.

Doch nicht immer hat dieser Puffer ausgereicht, um bei massenhaftem Abzug von Anlegergeldern einen reibungslosen Ablauf zu gewährleisten. Seit dem Ausbruch der Finanzkrise im Jahr 2008 sind viele Immobilienfonds in Liquiditätsnot geraten und haben die Rücknahme der Anteile eingestellt. Damit war es den Investoren teils über mehr als ein Jahr hinweg nicht möglich, ihr Anlagekapital abzurufen oder in andere Anlageprodukte umzuschichten.

Um solchen Liquiditätskrisen wegen massenhafter Flucht von Investoren künftig vorzubeugen, gilt seit April 2011, dass Anteilsrückgaben von mehr als 30.000 Euro pro Kalenderjahr erst nach zwei Jahren Mindesthaltefrist und mit einer Kündigungsfrist von 12 Monaten möglich sind. Folglich müssen Anleger künftig damit rechnen, dass sie nicht mehr von heute auf morgen an ihr Guthaben herankommen – das sollten Sie berücksichtigen, wenn Sie offene Immobilienfonds in Ihren Vermögensmix einbauen wollen.

Maßnahmen gegen Liquiditätskrisen

04

Bestand haben hingegen bis auf Weiteres die Besteuerungsregeln, die für Anleger, die bereits an der Grenze des Sparerpauschbetrags angekommen sind, interessant sein können. Bei offenen Immobilienfonds ist nur ein Teil der Ausschüttung und des Wertzuwachses steuerpflichtig – nämlich der Anteil, der aus Miet- und Zinseinnahmen stammt. Steuerfrei sind hingegen die enthaltenen Veräußerungsgewinne, wenn innerhalb des Fondsvermögens die Immobilie länger als zehn Jahre gehalten wurde. Je nach Fonds kann in günstigen Fällen rund die Hälfte der Erträge steuerfrei sein.

Wie bei jedem Investmentfonds wird auch bei offenen Immobilienfonds keine feste Verzinsung garantiert, sondern die Rendite hängt vom Anlagegeschick des Fondsmanagements ab. Daher sollten Sie vor Ihrer Entscheidung den Fondsprospekt gründlich lesen. Neben der bislang erzielten Rendite gibt es drei weitere wichtige Kennzahlen: die Leerstandsquote, die Restlaufzeit der Mietverträge und das Alter der Immobilien. Eine niedrige Leerstandsquote ist ein Indiz dafür, dass in gut vermietbare Qualitätsimmobilien investiert wird. Wenn die Festmietverträge noch lange Zeit laufen, wirkt sich dies positiv auf die Sicherheit der regelmäßigen Erträge aus. Günstig für

Leerstandsquote, Vertragslaufzeit, Immobilienalter

Sie als Anleger ist auch ein möglichst niedriges Durchschnitts-
alter der Immobilien, weil mit zunehmendem Alter oft hohe
Aufwendungen für Instandhaltung und Sanierung anfallen.

Vorteile: Bis auf wenige Ausnahmen sind offene Immobilienfonds trotz der Liquiditätsturbulenzen meist ohne rote Zahlen durch
die Finanzkrise gekommen. Die bescheidene, aber schwankungsarme
Rendite wird durch die steuerlichen Vorteile aufgepeppt.
Nachteile: Die geplanten Gesetzesänderungen zu Halte- und Kündigungsfrist machen offene Immobilienfonds zu recht unflexiblen
Fondsprodukten. Renditemindernd sind die hohen Ausgabeaufschläge
von meist 5 bis 6 Prozent.

PRIVATE RENTENVERSICHERUNGEN

Die private Rentenversicherung gibt es in zwei Varianten: die
Ansparvariante, bei der monatlich oder jährlich feste Beträ-
ge über eine bestimmte Laufzeit eingezahlt werden, und die
Sofortrente, bei der ein Einmalbetrag eingezahlt wird und der
Versicherer dafür eine lebenslange Rente ausschüttet.

Ansparvariante

Bei der Ansparvariante werden von der eingezahlten Prämie
zunächst die Vertriebs- und Verwaltungskosten abgezogen,
und der verbleibende Sparanteil wird von der Versicherung angelegt. Um ein Mindestmaß an Sicherheit für das eingezahlte
Kapital der Sparer zu gewährleisten, schreibt der Staat hierbei
gewisse Standards vor. So muss die Versicherung garantieren,
dass sich der Sparanteil mit derzeit (Anfang 2012) mindestens
1,75 Prozent verzinst. Allerdings sollten Sie nicht davon aus-
gehen, dass sich diese Mindestverzinsung auf Ihre gesamten
Einzahlungen bezieht – verzinst wird nur das, was nach Abzug
der Vertriebs- und Verwaltungskosten übrig bleibt.

Deckungsstock

Für den überwiegenden Teil des Anlagevermögens – den sogenannten Deckungsstock – gelten aufsichtsrechtliche Ein-

schränkungen bei der Kapitalanlage. So dürfen maximal 35 Prozent des Deckungsstocks in Aktien oder Investmentfonds angelegt werden und bei der Anlage in Anleihen und Schuldverschreibungen ist auf eine gute Bonität des Schuldners zu achten. Dazu kommt noch ein gewisser Anteil an Immobilien, der meist je nach Versicherer bei 5 bis 10 Prozent liegt.

04

Dennoch gerieten im Jahr 2003 etliche Versicherer in finanzielle Engpässe, weil sie sich in den Jahren zuvor am Aktienmarkt verspekuliert hatten. Die Mannheimer Lebensversicherung drohte sogar in die Insolvenz zu schlittern – ein in Deutschland bis dahin beispielloser Fall. Nach einer Auffangaktion durch andere Versicherungen entschloss sich die Branche auf mehr oder weniger sanften Druck durch die Bundesanstalt für Finanzdienstleistungsaufsicht (BaFin), nach dem Vorbild der Banken unter dem Namen „Protektor" eine Einlagensicherung ins Leben zu rufen.

Die fehlende Flexibilität ist darin begründet, dass Sie die Sparraten zwar aussetzen oder sich die Versicherung vorzeitig auszahlen lassen können, aber dabei meist drastische Renditeeinbußen hinnehmen müssen. Diese Erfahrung macht ein großer Teil der Versicherungssparer: Nur etwa die Hälfte der Versicherungssparverträge wird bis zum Vertragsschluss bespart, der Rest wird vorzeitig gekündigt oder stillgelegt. Doch beim vorzeitigen Ausstieg dürfen die Versicherer vom angesparten Guthaben einiges abzweigen. Der sogenannte Rückkaufswert bei der vorzeitigen Auszahlung ist meist sehr niedrig, weil Provisionen, Verwaltungskosten und Stornoabzüge am Gesparten zehren. Die Folge: Wird die Versicherung schon nach ein paar Jahren wieder aufgelöst, muss unter Umständen sogar eine Minusrendite verbucht werden, sprich Sie haben einen Verlust zu tragen.

Problematisch sind die hohen Vertriebskosten, aus denen in erster Linie die Provisionen für den Vermittler gezahlt werden.

Vorsicht

Die Knackpunkte der privaten Rentenversicherung liegen in der mangelnden Transparenz, den oftmals hohen internen Nebenkosten und der fehlenden Flexibilität. Als Anleger bekommen Sie keine Informationen darüber, welche Anteile an Ihrer monatlichen oder jährlichen Sparrate für Kapitalanlage, Todesfallabsicherung und Gebühren verwendet werden. Damit gleicht die Anlage einem Blindflug – der Kunde muss hoffen, dass der Versicherer die Renditeziele erreicht.

Deren Höhe liegt meist bei bis zu 4 Prozent der eingezahlten Beitragssumme, und dies wirkt sich bei kürzeren Laufzeiten weitaus negativer aus als bei langlaufenden Verträgen.

Tipp

Die Vertragslaufzeit einer privaten Rentenversicherung sollte bei mindestens zwölf Jahren liegen – auch aus einem steuerlichen Grund: Wenn die Versicherung mindestens zwölf Jahre lang läuft und erst nach dem 60. Geburtstag ausgezahlt wird, müssen die Gewinne nur zur Hälfte mit dem persönlichen Steuersatz versteuert werden. Wer also eine Auszahlung mit 63 Jahren anpeilt, sollte nach dem 51. Geburtstag keine private Rentenversicherung mehr abschließen.

Am Ende der Sparphase muss der Kunde entscheiden, ob das angesparte Guthaben auf einen Schlag oder als lebenslange Rente ausgezahlt werden soll. An dieser Stelle beginnen auch die Überlegungen, wenn es sich um eine Sofortrente handelt, bei der nach der Einmaleinzahlung die Rentenzahlungen direkt beginnen.

Hierbei rückt zudem die finanzielle Absicherung der Angehörigen ins Blickfeld, weil ohne zusätzliche Vereinbarung die Rentenzahlungen mit dem Tod des Rentenempfängers eingestellt werden. Abhilfe kann die sogenannte Garantiezeit oder eine Hinterbliebenenrente schaffen. Die meisten Gesellschaften bieten ihren Kunden eine Garantiezeit von 5, 10 oder 15 Jahren an. Stirbt der Versicherungsnehmer, zahlt die Versicherung die Rente bis zum Ablauf des vereinbarten Zeitraums weiter. Bei der Hinterbliebenenrente wird der Rentenanspruch beim Ableben des Empfängers auf den Ehepartner übertragen.

Solche Extras gibt es nicht zum Nulltarif. Weil die Versicherung mit einer längeren Auszahlungsdauer kalkulieren muss, wird der monatliche Rentenanspruch und somit auch die Rendite entsprechend gekürzt.

Ob die Rente als monatlich konstanter Betrag ausgezahlt wird oder ob sie jährlich ansteigen soll, kann mit verschiedenen

Vertragsvarianten frei gewählt werden. Dabei stehen die folgenden Modelle zur Verfügung:

04

- **Konstante Rente:** Hier werden die Überschussanteile so verteilt, dass die Rentenzahlung von Beginn an gleich hoch ist. Damit profitieren die Anleger direkt bei Fälligkeit der Police von ihren Überschüssen in Form einer höheren Anfangsrente. Doch das hat natürlich den Nachteil, dass es keinen Inflationsausgleich mehr gibt und somit die Kaufkraft der Privatrente im Lauf der Jahre immer weiter abnimmt.

- **Dynamische Rente:** Bei diesem Modell gibt es zu Beginn nur die niedrige Garantierente, die jedoch pro Jahr meist um 3 bis 3,5 Prozent erhöht wird. Dadurch passt sich die Rente automatisch dem Kaufkraftverlust an – aber am Anfang muss der frischgebackene Rentner eben ein bisschen kürzer treten. Als Faustregel gilt: Im Schnitt liegt die Anfangszahlung bei der dynamischen Rente etwa 25 Prozent unter der anfänglichen Konstantrente.

- **Teildynamische Rente:** Das ist der goldene Mittelweg zwischen Konstantrente und dynamischer Rente. Mit einem Teil der Überschüsse werden die ersten Zahlungen subventioniert, und der Anstieg der Rente erfolgt langsamer als bei der Dynamik. Sofern die Wirtschaftslage und somit die Inflationsrate auch künftig stabil bleiben, stellt die Teildynamik wohl den sinnvollen Kompromiss zwischen zwei Extremen dar.

Die Überlegungen zur privaten Rentenversicherung können unterschiedlich ausfallen – auch abhängig davon, ob es sich um einen Ansparplan oder um eine Sofortrente handeln soll.

Beim Ansparplan kommt es darauf an, ob Sie bis zum geplanten Rentenbeginn noch mindestens zwölf Jahre Zeit haben. Falls ja, sollten Sie sich überlegen, welche Monats- oder Jahresrate Sie auf jeden Fall durchhalten können, um eine

Ansparplan

vorzeitige Kündigung oder Stilllegung zu vermeiden. Bei der Auszahlung können Sie dann entscheiden, ob das Guthaben abgerufen oder in eine Rentenzahlung umgewandelt werden soll.

Sofortrente

Im Falle einer Sofortrente gilt dasselbe wie am Ende der Ansparphase: Sie müssen sich nun darüber im Klaren sein, wie viel Geld Sie unwiderruflich in eine Monatsrente umwandeln wollen. Diese Entscheidung ist nicht mehr rückgängig zu machen, sodass der dafür eingesetzte Betrag lebenslang gebunden bleibt. Generell ist eine private Sofortrente dann sinnvoll, wenn gesetzliche, betriebliche und Riester- bzw. Rürup-Rente nicht ausreichen, um die laufenden Lebenshaltungskosten zu decken. Mehr zur privaten Sofortrente lesen Sie ab Seite 172.

Vorteile: Versicherungssparpläne sind mit geringem Risiko verbunden und werden steuerlich günstig behandelt. Eine private Sofortrente bringt eine sichere und kalkulierbare lebenslange Zusatzrente. **Nachteile:** Versicherungssparpläne sind mit hohen Vertriebskosten belastet und sehr unflexibel. Bei der Auswahl des Anbieters und der Gestaltung des Sparplans muss man daher sehr sorgfältig vorgehen.

WELCHE ANLAGEPRODUKTE SIE MEIDEN SOLLTEN

Negativmerkmale

Gerade im Hinblick auf den näherrückenden beruflichen Ruhestand ist längst nicht jedes Anlageprodukt für den privaten Vermögensaufbau geeignet. Hohe Risiken, überzogene Nebenkosten und mangelnde Transparenz sind die häufigsten Negativmerkmale, die aus einem scheinbar verlockenden Investmentangebot am Ende eine Geldfalle machen.

Dass dennoch die im Folgenden aufgeführten Finanzprodukte häufig von Finanzvermittlern oder Bankberatern empfohlen werden, liegt schlichtweg daran, dass die Verkäufer in Form von üppigen Vermittlungsprovisionen gutes Geld daran verdienen. Daher sollten Sie sich nicht von Hochglanzprospekten und verlockenden Renditeprognosen beeindrucken lassen, sondern mit kritischem Blick prüfen, welche Fallstricke mit den jeweiligen Offerten verbunden sein können.

04

FONDSGEBUNDENE VERSICHERUNGSSPARPLÄNE

Im Gegensatz zur herkömmlichen Kapitallebensversicherung oder privaten Rentenversicherung wird bei fondsgebundenen Versicherungen das Geld der Sparer nicht direkt bei der Versicherung angelegt, sondern fließt in einen oder mehrere Investmentfonds.

Verdeckte Kosten

Bei einer fondsgebundenen Lebensversicherung stellt damit die Fondspolice praktisch eine Kombination aus Investmentsparvertrag und Risikolebensversicherung dar, bei fondsgebundenen Rentenversicherungen entfällt die Absicherung der Hinterbliebenen.

Ein großes Problem für den Sparer ist bei fondsgebundenen Versicherungen die mangelnde Transparenz, die oftmals mit einer hohen Belastung durch verdeckte Kosten verbunden ist. Kaum ein Versicherer gibt nämlich preis, wie viel Geld nach Abzug der Verwaltungskosten und Verkäuferprovisionen tatsächlich in Aktien- oder Rentenfonds angelegt wird. Dies lässt sich allenfalls näherungsweise auf Umwegen ermitteln, indem das in den Berechnungsmodellen angegebene Guthaben bei bestimmten Fondsrenditen betrachtet wird.

Vorsicht

Es gibt weder Garantieverzinsung noch Vorschriften der Finanzaufsicht zur Sicherheit der angelegten Kundengelder. Wer über diese Konstruktion beispielsweise seine komplette Sparrate in Aktienfonds investieren will, kann dies tun – mit allen Chancen und Risiken, die sich daraus ergeben.

Dann zeigt sich schnell, dass selbst bei einer guten Wertentwicklung des in der Versicherung enthaltenen Fonds erst nach Jahren die Gewinnzone erreicht wird. Der Grund: In den

Tipp

Da schon bei langlaufenden Sparverträgen die Rendite durch die hohen Nebenkosten stark beeinträchtigt wird, sind fondsgebundene Policen für Arbeitnehmer im reifen Alter noch weniger empfehlenswert. Die sinnvollere Alternative hierzu ist – sofern ein gewisser Aktienanteil in die Finanzplanung passt – die direkte Anlage in Investmentfonds, wo die Kostenstruktur transparent ist und eine Umschichtung oder Entnahme des Guthabens ohne kostenbedingte Renditeeinbußen möglich ist.

ersten Jahren werden die hohen Verkäuferprovisionen vom Guthaben abgezogen, sodass das Geld erst nach mehreren Jahren richtig zu arbeiten beginnt. Während der ersten Jahre werden oftmals mehr als 20 Prozent der eingezahlten Beiträgen für die Verwaltungs- und Vertriebskosten abgezweigt.

ANLAGEZERTIFIKATE

Keine Gattung von Finanzprodukten für Privatanleger ist so wenig durchschaubar wie die Spezies der Anlagezertifikate: Mehr als 100.000 unterschiedliche Produkte kursieren auf dem deutschen Markt, wobei die Bandbreite von leicht verständlichen Indexzertifikaten bis hin zu hochkomplexen Papieren reicht.

In juristischer Hinsicht handelt es sich bei einem Anlagezertifikat um eine Anleihe, in der die Bank einen Kreditvertrag mit dem Anleiheninhaber als Kreditgeber schließt und diesem die Rückzahlung des ausgeliehenen Betrags zu bestimmten Konditionen zusichert. Doch damit endet die Gemeinsamkeit mit der klassischen Bankenanleihe auch schon. In aller Regel gibt es nämlich weder einen Festzins noch einen zuvor festgelegten Rückzahlungsbetrag bei Fälligkeit.

Indexzertifikat

Der Wert eines Anlagezertifikats hängt davon ab, was in den Zertifikatsbedingungen steht. Bei einem Indexzertifikat wird beispielsweise der Wert an die Entwicklung eines sogenannten Basiswerts gebunden. Dies kann ein Index sein oder auch der Kurs einer bestimmten Aktie. Dabei verläuft die Wertentwicklung des Zertifikats jedoch längst nicht immer parallel zur Entwicklung des Basiswerts. Welche Auswirkungen eine Veränderung des Basiswerts auf das Anlagezertifikat hat, hängt vom Typ des Zertifikats und von den festgelegten Bedingungen ab. Im Folgenden finden Sie eine kurze Erläuterung der gängigsten Zertifikatstypen.

- **Indexzertifikat:** Dieses Zertifikat bildet einen Index ab, beispielsweise einen Aktienindex oder einen Rohstoffindex. Der Index verkörpert den sogenannten Basiswert. Ist die Laufzeit begrenzt, wird am Ende der Betrag ausgezahlt, der sich zum Stichtag aufgrund des Indexes errechnet. Bei Zertifikaten mit unbegrenzter Laufzeit (Open-End) ist keine Fälligkeit vorgesehen – wer aussteigen will, verkauft das Papier über die Börse. Bei Zertifikaten auf Aktienindizes kann eine Falle lauern: Bezieht sich das Papier auf einen sogenannten Preisindex, sind darin die Dividenden nicht enthalten, und der Anleger ist im Vergleich zum Aktienbesitzer schlechter gestellt. Nur mit dem „Performanceindex" als Basiswert profitiert der Investor auch von den Dividenden.

- **Themen- und Basketzertifikate:** Im Gegensatz zum Indexzertifikat fungiert hier kein Aktienindex als Basiswert, sondern eine Auswahl bestimmter Aktien. Dieser Aktienkorb wird im Börsenjargon als „Basket" bezeichnet. Bei gemanagten Zertifikaten wird die Zusammensetzung einmal oder mehrmals pro Jahr geändert, dafür kassieren die Emittenten oft laufende Extragebühren.

- **Discountzertifikat:** Basiswert ist hier zumeist eine Aktie oder ein Index, die Laufzeit ist in der Regel auf etwa ein Jahr begrenzt. Bei der Ausgabe ist das Zertifikat deutlich günstiger als der zugrunde liegende Aktienkurs oder Index. Dieser Abschlag ist der „Discount". Am Ende der Laufzeit erhält der Anleger den Aktienkurs oder den entsprechenden Gegenwert des Indexes ausgezahlt. Damit bleibt unterm Strich auch dann ein Gewinn, wenn der Verlust der Aktie geringer ist als der Discountabschlag beim Kauf. Allerdings ist die Rückzahlung meist gedeckt, sodass der

Anleger von einem starken Anstieg des Aktienkurses nur teilweise profitiert.

- **Rolling-Discount-Zertifikat:** Das ist ein Papier, bei dem meist in monatlichem Rhythmus Disocuntzertifikate auf den gleichen Basiswert aneinandergereiht werden. Damit kann die Laufzeit praktisch unbegrenzt ausgedehnt werden.

- **Bonuszertifikat:** Hier ist die Laufzeit oft länger als beim Discountzertifikat, sie kann bis zu sechs Jahre betragen. Am Ende der Laufzeit erhält der Anleger eine festgelegte Prämie – allerdings nur unter der Voraussetzung, dass der Basiswert während der Laufzeit eine bestimmte Kursschwelle nicht unterschreitet. Fällt die Aktie oder der Index unter die Schwelle, bekommt der Anleger am Ende nur den Kurswert der Aktie oder den Index-Gegenwert ausgezahlt und macht dann zumeist Verlust. Im Gegensatz zum Discountzertifikat bietet diese Variante somit bei starken Aktienverlusten keinen Puffer.

- **Sprintzertifikat:** Hier wird festgelegt, dass bis zu einem bestimmten Kursgewinn der zugrunde liegenden Aktie das Zertifikat den doppelten Gewinn verbucht. Ist jedoch eine bestimmte Gewinngrenze erreicht, bleibt der Zuwachs gedeckelt. Damit kann beispielsweise das Zertifikat 16 Prozent Gewinn bringen, wenn die Aktie nur um 8 Prozent zulegt. Liegt das Limit hingegen bei 20 Prozent und steigt die Aktie um 30 Prozent, bekommt der Anleger am Ende nur 20 Prozent Gewinn ausgezahlt. Das Sprintzertifikat ist damit eine Spekulation auf leicht steigende Kurse.

- **Kapitalschutz-Zertifikat:** Dem Anleger wird garantiert, dass er am Ende der Laufzeit mindestens den Emissionswert zurückbekommt. Dafür profitiert er jedoch nur zu einem Bruchteil von den Steigerungen des zugrunde gelegten Aktienindexes.

Darüber hinaus gibt es noch eine Vielzahl weiterer Zertifikate, bei denen teilweise die Merkmale der hier erläuterten Papiere miteinander kombiniert werden oder die Reaktionsweise gehebelt wird, was das Risiko entsprechend vergrößert.

Je komplizierter ein Zertifikat aufgebaut ist, umso größer ist die Wahrscheinlichkeit, dass die Bank hohe versteckte Nebenkosten für sich abzweigt und den Anleger im Vergleich zum eingegangenen Risiko nur unzureichend an den Renditechancen beteiligt.

Fazit: Für die private Altersvorsorge und den Vermögensaufbau sind Anlagezertifikate wenig bis überhaupt nicht geeignet. Wenn Sie Kapitalmarktrisiken in Kauf nehmen können und wollen, sollten Sie lieber einen Aktienfonds wählen – und für risikoarme Anlagen sind Bundeswertpapiere oder Zinsanlagen bei Banken die bessere und kostengünstigere Wahl.

BETEILIGUNGSMODELLE

Wenn bei Anlegern im Lauf der Zeit auf der einen Seite das Einkommen und damit auch die Steuerbelastung steigt und auf der anderen Seite steuermindernde Kinderfreibeträge wegfallen, schlägt die Stunde der Verkäufer von Steuersparmodellen. Mithilfe von steuerlichen Abschreibungen oder der Verlagerung der Ertragsquellen ins Ausland sollen Anleger mehr Nettorendite bekommen, so die Argumentation der Verkäufer.

Steuersparangebote

Beteiligungsmodelle gibt es in den unterschiedlichsten Varianten. Häufig angebotene Investitionsobjekte sind:

- **Immobilien:** Bei dieser Fondskonstruktion fließt das Geld der Anleger in eine oder mehrere Großimmobilien. Im Gegensatz zu offenen Immobilienfonds erfolgt jedoch keine breite Streuung – vor allem auch deshalb, weil das eingesammelte Kapital viel geringer ist als bei offenen Immobi-

lienfonds. Je nach Fondsstrategie kann es sich um Immobilien im Inland oder Ausland handeln, die Art der Nutzung
reicht von Wohn- und Büroimmobilien über Hotels und
Einkaufszentren bis hin zu Logistikimmobilien. Bei Aus-
landsimmobilien wird gern mit der Steuerersparnis geworben, da die Erträge nicht in Deutschland, sondern im Land
des Immobilienstandortes zu versteuern sind.

- **Schiffe:** Hier investieren die Anleger in Schiffe, wobei es
sich meist um Containerschiffe oder Tanker handelt. Die
Schiffe werden dann an eine Chartergesellschaft weiter-
vermietet, und nach Abzug der Betriebs- und Verwaltungskosten wird die Charterrate unter den Anlegern aufgeteilt.
Auch hier erfolgt eine steuerlich begünstigte Behandlung
der Erträge.

- **Erneuerbare Energien:** Investitionsziel sind meist Wind-
kraftwerke oder große Fotovoltaik-Anlagen. Hier bieten
die Energieversorger zwar in der Regel fest kalkulierbare
Einspeisungspreise. Allerdings können die Erträge je nach
Sonnen- bzw. Windintensität stark schwanken, und auch
bei den Wartungskosten brachte so mancher Fonds seinen
Investoren schon unangenehme Überraschungen.

- **Private Equity:** Hinter diesem Fachbegriff verbirgt sich
die Investition in nicht börsennotierte und zumeist mit-
telständische Unternehmen. Die Risiken sind bei solchen
Beteiligungsmodellen meist sehr hoch, weil der unternehmerische Erfolg stark schwanken kann. Zusätzliche Risiken kommen hinzu, wenn über einen solchen Fonds For-
schungs- und Entwicklungsvorhaben von noch jungen
Firmen finanziert werden.

- **Leasing:** Bei Leasingfonds werden die Investoren Eigentümer von Wirtschaftsgütern, die an unternehmerische
Nutzer verleast werden. Die Palette erstreckt sich dabei
über unterschiedliche Güter wie Flugzeuge, Eisenbahn-
waggons, Transportcontainer oder Fahrzeugflotten von
Autovermietern.

Die Beteiligung an solchen unternehmerischen Modellen erfolgt in der Regel durch den Beitritt als Gesellschafter. Gängige Rechtsformen sind Gesellschaften bürgerlichen Rechts sowie Kommanditgesellschaften, bei denen der Investor als Kommanditist fungiert. Ebenfalls häufig ist der Eintritt als „stiller Gesellschafter" in ein Unternehmen anzutreffen, dessen Rechtsposition eher der eines Kreditgebers als derjenigen des Mitunternehmers gleicht. Kaum von Bedeutung ist die direkte Beteiligung an einer GmbH, weil der Beitritt neuer Gesellschafter mit hohem finanziellen Aufwand für die notarielle Beglaubigung und den Eintrag ins Handelsregister verbunden ist – außerdem haben GmbH-Gesellschafter weitreichende Mitspracherechte bei Unternehmensentscheidungen, was den Anbietern nicht unbedingt recht ist.

> Beteiligung als Gesellschafter

04

Dass diese Anlagemodelle für die private Altersvorsorge ungeeignet sind, resultiert aus der mangelnden Flexibilität, der hohen Kostenbelastung, dem oftmals großen Verlustrisiko und der hohen Anzahl an schwarzen Schafen auf dem Markt.

Die Laufzeiten von Beteiligungsmodellen liegen üblicherweise bei fünf bis zwanzig Jahren. Während der Laufzeit werden die laufenden Erträge an die Anleger ausgeschüttet, sofern nach Abzug der internen Kosten genügend Geld übrig ist. Am Ende wird das Investitionsobjekt verkauft und der Verkaufserlös unter den Investoren verteilt. Gern werden die Beteiligungsmodelle von den Verkäufern so angeboten, dass die Auflösung zum Zeitpunkt des geplanten Renteneintritts erfolgt. Allerdings ist ein vorzeitiger Ausstieg nicht möglich, sodass dem Anleger bei einer Änderung der Lebenssituation oder bei einer erkennbaren Verschlechterung des Anlageerfolgs die Hände gebunden sind.

> Laufzeiten

> Kein vorzeitiger Ausstieg

Anlagerisiko und Gewinnbeteiligung unausgeglichen

Die Kosten werden von den Anbietern der Beteiligungsmodelle auf vielfältige Weise abgezweigt: Üppige Vermittlerprovisionen und großzügige Managementgebühren sorgen dafür, dass bei manchen Modellen mehr als ein Viertel der eingeworbenen Anlegergelder gleich wieder in Auszahlungen an die Verkäufer und Verwalter umgewandelt wird. Die Folge: Im Verhältnis zum Anlagerisiko werden die Anleger nur unzureichend am Gewinn beteiligt.

Trotz vollmundiger Renditeprognosen sollte das Verlustrisiko nicht außer Acht gelassen werden. Immerhin handelt es sich um unternehmerische Beteiligungen, bei denen im schlimmsten Fall der Totalverlust eintreten kann. Erhöht wird das Risiko durch die häufig angewandte Praxis, dass zusätzlich zu den eingesammelten Anlegergeldern noch Bankkredite aufgenommen werden, um die Investition zu finanzieren. Weil die Banken gegenüber den privaten Kapitalgebern Vorrang haben, kann bei schlechter wirtschaftlicher Entwicklung das Eigenkapital nur allzu schnell aufgezehrt sein.

Eine Kontrolle durch staatliche Aufsichtsbehörden wie bei Investmentfonds oder Banken gibt es für die Initiatoren geschlossener Fonds nicht. Daher zählen diese Produkte zum „grauen Kapitalmarkt". Zwar gibt es durchaus seriöse und solide kalkulierte Angebote, aber mangels einer rechtlichen Kontrollinstanz ist in diesem Anlagesegment der Anteil schwarzer Schafe recht hoch. Das verdeutlichen zahlreiche Schadenersatzprozesse nach Fondspleiten, so etwa im Bereich der sogenannten Schrottimmobilien, bei denen überteuerte Immobilien mittels dubioser Fondskonstruktionen schöngerechnet wurden.

Grauer Kapitalmarkt

Weil es für private Anleger kaum möglich ist, bei den komplizierten Beteiligungsmodellen die Spreu vom Weizen zu trennen, sollten Sie auf solche Produkte verzichten.

RATENKREDITE UND BAUFINANZIERUNG

05

Wer in den Ruhestand eintritt, sollte möglichst keine Schulden mehr haben. Deshalb müssen Kredite möglichst rechtzeitig abgebaut werden und eine Baufinanzierung der neuen Lebenssituation angepasst werden. In diesem Kapitel erfahren Sie u.a., unter welchen Voraussetzungen vorzeitige Kreditrückzahlungen möglich sind und wie durch Sondertilgungen ein Baudarlehen schneller zurückgezahlt werden kann.

Schuldenfrei in den Ruhestand

Der Eintritt in den beruflichen Ruhestand sollte stets ohne Schulden erfolgen – dies gilt auch dann, wenn das Rentenalter schon vor dem Erreichen der regulären Altersgrenze beginnt. Idealerweise sollte die Abstimmung der Kreditstrategie schon fünf bis zehn Jahre vor dem Renteneintritt erfolgen, um unnötige Zinsbelastungen oder finanzielle Schieflagen zu vermeiden.

Kaum Kredite für Rentner

Wie wichtig diese Überlegungen sind, verdeutlicht nicht zuletzt eine bankenübliche Praxis, die Rentenempfängern den Zugang zu Krediten drastisch erschwert. Viele Banken weigern sich nämlich unabhängig von der Bonität des Kunden von vornherein, Rentnern Kredite zu gewähren. Gut, wenn Sie dann Ihre Finanzstrategie so konzipiert haben, dass Sie dieser Praxis nicht ausgeliefert sind.

RATENKREDITE RECHTZEITIG ABBAUEN

Frühzeitig die Kreditstrategie überdenken

Ratenkredite, mit denen meist größere Anschaffungen wie das Auto oder die Wohnungseinrichtung finanziert werden, laufen meist über mehrere Jahre. Marktüblich sind Laufzeiten von ein bis sieben Jahren – und demzufolge sollten Sie schon einige Jahre vor dem Renteneintritt Ihre Kreditstrategie überdenken.

Tipp

Da aufgrund der Einbußen bei der gesetzlichen Altersrente beim vorzeitigen Renteneintritt jeder verfügbare Euro in zusätzliches Vorsorgeguthaben investiert werden sollte, tun Sie gut daran, kreditfinanzierte Anschaffungen zu vermeiden. Das erfordert zwar den Verzicht auf manches Luxusgut oder Statussymbol, hilft jedoch bei der Sicherung des Lebensstandards im Alter.

Bei der Neuaufnahme von Krediten sollte auf jeden Fall gewährleistet sein, dass bis zum geplanten Rentenbeginn keine Restschulden mehr vorhanden sind. Sie sollten dabei genügend zeitliche Reserven einkalkulieren, damit Sie auch bei ungeplanten Ausgaben oder finanziellen Engpässen keine Schulden ins Rentenalter schieben müssen.

Wenn Ratenkredite aus früheren Anschaffungen noch laufen, sollten Sie prüfen, ob Ihre Geldreserven für eine vorzeitige Rückzahlung des Kredits ausreichen. Denn: Für Guthaben auf dem Tagesgeldkonto oder Sparbuch erhalten Sie nur einen Bruchteil des Zinssatzes, den Sie für den Kredit bezahlen. Damit entspricht die vorzeitige Kreditrückzahlung einer hochverzinsten, aber vollkommen risikofreien Geldanlage.

Vorzeitige Kredit-
rückzahlung

05

Wurde der Kreditvertrag vor dem 11.6.2010 abgeschlossen, können Sie den Kredit mit einer Frist von drei Monaten kündigen und vollständig zurückzahlen. Die Bank darf keine Vorfälligkeitsentschädigung verlangen, muss jedoch die oftmals beim Abschluss des Kreditvertrags verlangte Bearbeitungsgebühr nicht zurückzahlen. Teilrückzahlungen sind bei manchen Banken möglich, allerdings sind bei diesen Verträgen die Kreditinstitute nicht verpflichtet, solche Sondertilgungen anzunehmen.

Teilrückzahlungen

Seit dem Inkrafttreten der neuen Verbraucherkreditrichtlinie am 11.6.2010 gelten für neu abgeschlossene Ratenkredite andere Spielregeln. Hier sind jederzeit Teil- oder Vollrückzahlungen möglich, dafür darf die Bank jedoch bei vorzeitigen Rückzahlungen als Ausgleich für den entgangenen Zinsertrag eine Vorfälligkeitsentschädigung verlangen. Deren Höhe ist auf 1 Prozent der Kreditsumme – bei Restlaufzeiten von weniger als einem Jahr auf 0,5 Prozent – begrenzt.

Auch flexible Kredite wie Dispo- oder Rahmenkredite sollten so früh wie möglich ausgeglichen werden, damit in der letzten Phase vor dem Eintritt in den beruflichen Ruhestand der Zinsaufwand auf Null reduziert wird.

DAS ANPASSEN DER BAUFINANZIERUNG

Das selbst genutzte Eigenheim ist ein wichtiger Bestandteil der privaten Altersvorsorge, denn es macht den Eigentümer im Rentenalter unabhängig von Mietzahlungen. Das funktioniert jedoch nur, wenn bis dahin die Immobilie vollständig abgezahlt ist.

Tipp

Den Tilgungsanteil in Ihrer laufenden Baufinanzierung können Sie anhand des letzten Jahreskontoauszugs ermitteln. Multiplizieren Sie die Monatsrate mit 12 und ziehen Sie vom Ergebnis die Summe der Zinsen ab. Den verbleibenden Betrag teilen Sie dann durch den Darlehenssaldo.

Dreh- und Angelpunkt bei der richtigen Finanzierungsplanung ist die Höhe der Tilgung, die dafür sorgt, dass die Schuldenfreiheit vor dem Rentenbeginn eintritt und nicht umgekehrt. Wie lange bei unterschiedlichen Tilgungsanteilen die Rückzahlung dauert, zeigt die folgende Tabelle. Basis ist dabei eine Restschuld von 100.000 Euro und ein Kreditzins von 4,0 Prozent. Der Tilgungsanteil wird in Prozent der Kreditsumme im ersten Jahr ausgewiesen und erhöht sich schrittweise, weil die Monatsrate bei sinkender Restschuld und damit auch sinkender Zinsbelastung gleich bleibt.

Tilgungsanteil	Monatsrate	Schuldenfrei nach ...
5%	750 Euro	14,7 Jahren
6%	833 Euro	12,8 Jahren
7%	917 Euro	11,3 Jahren
8%	1.000 Euro	10,1 Jahren
9%	1.083 Euro	9,2 Jahren
10%	1.167 Euro	8,4 Jahren

Deutlich wird auf jeden Fall: Wenn Sie 50 Jahre oder älter sind, brauchen Sie bei der Baufinanzierung einen zweistelligen Prozentanteil als Tilgung, um über einen vorgezogenen beruflichen Ruhestand realistisch nachdenken zu können.

Beschleunigen lässt sich die Rückzahlung des Baudarlehens mit Sondertilgungen, sofern diese Option im Darlehensvertrag vorhanden ist. Dass eine Bank überhaupt keine Sondertilgung ermöglicht, ist in den vergangenen Jahren eher selten geworden. Marktüblich ist mittlerweile die Möglichkeit, pro Jahr bis zu 5 Prozent der Darlehenssumme außerplanmäßig tilgen zu dürfen.

Schnellere Rückzahlung durch Sondertilgungen

05

Viele Verbraucher glauben, dass ein Immobiliendarlehen jederzeit vorzeitig zurückgezahlt werden kann und die Bank im Gegenzug eine Vorfälligkeitsentschädigung berechnen darf. Doch das stimmt so nicht. Nur bei einem Verkauf der Immobilie oder bei einer Ausweitung des Kredits ist die Bank verpflichtet, der Rückzahlung zuzustimmen; sie muss sich bei der Berechnung der Vorfälligkeitsentschädigung an die durch mehrere Gerichtsurteile aufgestellten Spielregeln halten. Eine vorzeitige Rückzahlung aus anderen Gründen – etwa aufgrund einer Erbschaft oder Abfindung – muss die Bank nicht akzeptieren und kann im Fall der Zustimmung die Entschädigungsgebühr nach eigenem Gutdünken festlegen.

Tipp

Wenn Sie vor der Neuverhandlung Ihrer Baufinanzierung stehen, weil in Kürze die Zinsbindungsfrist des bestehenden Kreditvertrags ausläuft, sollten Sie auf jeden Fall auf ein möglichst hohes Sondertilgungskontingent bestehen. Manche Banken bieten sogar die Möglichkeit, gegen einen Zinsaufschlag das komplette Darlehen vorzeitig zurückzahlen zu können – eine Variante, die sich anbietet, wenn Sie eine größere Erbschaft oder aufgrund des beruflichen Ausscheidens eine höhere Abfindung erwarten.

Wenn Sie Eigentümer einer vermieteten Wohnung als Kapitalanlage sind, sollten Sie bei der Finanzierung die Weichen ebenfalls frühzeitig stellen. Während des aktiven Berufslebens mit entsprechend hohem Einkommen ist es durchaus lohnenswert, einen guten Teil der vermieteten Wohnung mit einem Darlehen zu finanzieren, da die dafür anfallenden Zinsen gegenüber dem Finanzamt steuermindernd geltend gemacht werden. Überdies reicht es in dieser Lebensphase aus, wenn sich Finanzierungskosten und Miete einigermaßen decken, da für das Bestreiten des Lebensunterhalts das Arbeitseinkommen zur Verfügung steht. Anders hingegen ist die Lage im Rentenalter: Hier sollte eine vermietete Immobilie stetigen Ertrag bringen – und dafür ist es erforderlich, dass der Kredit rechtzeitig getilgt wird. Ähnlich wie beim selbst genutzten Wohneigentum sollten Sie auch bei einer vermieteten Immobilie in der letzten Finanzierungsphase auf maximale Flexibilität achten und die Schuldenfreiheit deutlich vor dem Renteneintritt herstellen.

Renditeprognose prüfen

Viele Immobiliendarlehen wurden in der Vergangenheit als Kombination aus einem tilgungsfreien Bankdarlehen und einem Versicherungssparvertrag abgeschlossen. Dabei hat sich herausgestellt, dass viele Versicherer in ihren Prognosen von zu hohen Kapitalerträgen ausgegangen sind – und damit droht Finanzierungskunden eine Tilgungslücke am Ende der Laufzeit. Wenn Sie ein solches Finanzierungsmodell abgeschlossen haben, sollten Sie die aktuelle Renditeprognose des Versicherers prüfen und im Fall einer absehbaren Tilgungslücke zusätzliches Kapital für die Schuldenrückzahlung reservieren.

DIE ABFINDUNG ALS ÜBERBRÜCKUNG

06

Zwar besteht gesetzlich bei Beendigung des Arbeitsverhältnisses grundsätzlich kein Anspruch auf eine Abfindung, gleichwohl wird sie vom Arbeitgeber gelegentlich zur Überbrückung bis zum Erreichen der Regelaltersgrenze gezahlt. In diesem Kapitel erfahren Sie, wann ausnahmsweise Anspruch auf eine Abfindung besteht, welche sozialversicherungsrechtlichen und steuerlichen Folgen diese hat und welche Möglichkeiten bestehen, die Abfindung sicher und ertragreich anzulegen.

Längst vorbei sind die Zeiten, in denen mit großzügigen Vorruhestandsregelungen Arbeitnehmer mit 55 Jahren aus dem Berufsleben aussteigen und die Zeit bis zum regulären Rentenbeginn mit der Kombination aus Arbeitslosengeld und steuerlich begünstigter Arbeitgeberabfindung überbrücken konnten.

Wenn Ihnen Ihr Arbeitgeber das vorzeitige Ausscheiden mit einer Abfindung anbietet, sollten Sie die Offerte sorgfältig durchkalkulieren. Denn am Ende stellt sich nicht selten heraus, dass ein scheinbar großzügiges Angebot gerade noch ausreicht, um bis zum Erreichen der Regelaltersgrenze ein bescheidenes Auskommen zu finanzieren.

Sowohl in Bezug auf die staatliche Unterstützung älterer Arbeitsloser als auch bei der steuerlichen Behandlung von Abfindungszahlungen sind die Rahmenbedingungen für Arbeitnehmer deutlich schlechter als noch vor einigen Jahren.

ANSPRUCH AUF ABFINDUNG

Kein genereller Anspruch

Entgegen der landläufigen Ansicht haben Arbeitnehmer im Fall einer Kündigung durch den Arbeitgeber keinen generellen Anspruch auf eine Abfindungszahlung. Zwar ist die Abfindung im Fall einer betrieblichen Kündigung im Kündigungsschutzgesetz erwähnt, allerdings ist damit kein Pauschalanspruch des betroffenen Arbeitnehmers verbunden.

So hat der Arbeitgeber die Möglichkeit, bereits im Kündigungsschreiben dem Arbeitnehmer eine Abfindung anzubieten, wenn dieser im Gegenzug auf die innerhalb von drei Wochen mögliche Kündigungsschutzklage verzichtet. Damit diese Vereinbarung wirksam wird, muss die Höhe der Abfindung stimmen: Pro Jahr der Betriebszugehörigkeit ist ein halbes Monatsgehalt zu zahlen. Damit kann sich der Arbeitgeber vom Prozessrisiko freikaufen, denn mit der Annahme des Angebots kann der Arbeitnehmer nicht mehr gegen die Kündigung klagen.

Diese Regelung gilt nicht für Kleinbetriebe mit fünf oder weniger Arbeitnehmern. In solchen Unternehmen ist der Kündigungsschutz zu großen Teilen unwirksam, und eventuelle Abfindungsangebote müssen individuell ausgehandelt werden.

06

Wenn der Arbeitgeber keine Abfindung anbietet oder der Arbeitnehmer auf eine höhere Zahlung spekuliert, kann der Betroffene gegen die betriebsbedingte Kündigung klagen. Allerdings wird keine Abfindung eingeklagt, sondern die Unwirksamkeit der Kündigung und damit die Weiterbeschäftigung. Faktisch soll damit der Arbeitgeber in eine Zwangslage versetzt und dazu bewegt werden, im Rahmen eines Vergleichs dem Arbeitnehmer eine großzügige Abfindung als Gegenleistung für den Rückzug der Klage anzubieten.

Die attraktivsten Angebote sind zumeist dann zu finden, wenn in größeren Betrieben Arbeitnehmer auf freiwilliger Basis dazu bewegt werden sollen, das Unternehmen zu verlassen. In solchen Fällen wird üblicherweise zwischen Betriebsrat und Arbeitgeber ein Modell ausgehandelt, das dann den Arbeitnehmern angeboten wird. Häufig handelt es sich dann jedoch nicht um betriebsbedingte Kündigungen, sondern um freiwillige Aufhebungsverträge.

Allerdings ist das Beschreiten des Rechtswegs immer mit Unwägbarkeiten verbunden, denn die Abfindung kann am Ende auch weit geringer als erhofft ausfallen. Im schlimmsten Fall könnte eine Abfindungszahlung sogar gänzlich verloren sein, wenn der Arbeitgeber den Prozess durchzieht und ihn am Ende gewinnt.

AUSWIRKUNG AUF DAS ARBEITSLOSENGELD

Wie lange nach dem Verlust des Arbeitsplatzes Arbeitslosengeld gezahlt wird, hängt von mehreren Faktoren ab. Zunächst einmal gilt die Grundregel, dass je nach Dauer der bereits bestehenden Arbeitslosenversicherung das Arbeitslosengeld für 6 bis 12 Monate gezahlt wird.

Zahlungsdauer

Ausnahmeregelungen gelten für ältere Arbeitnehmer. Wer mit 50 Jahren arbeitslos wird, kann mit einer Zahlungsdauer von maximal 15 Monaten rechnen. Mit 55 Jahren erhöht sich der Anspruch auf 18 Monate und mit 58 Jahren auf 24 Monate. Voraussetzung für die 24-monatige Zahlung ist, dass in den vorangegangenen fünf Jahren für die Dauer von mindestens 48 Monaten ein sozialversicherungspflichtiges Arbeitsverhältnis bestanden hat.

Zwar sehen die gesetzlichen Regelungen vor, dass bei längerer Arbeitslosigkeit nach Ablauf der Zahlung von Arbeitslosengeld ein Anspruch auf Arbeitslosengeld II – im Volksmund auch „Hartz IV" genannt – besteht. Doch diese Zahlungen werden erst geleistet, wenn das eigene Vermögen aufgebraucht ist. Da jedoch für einen vorzeitigen Renteneintritt der Aufbau von privatem Vermögen unerlässlich ist, können Sie in diesem Fall nach dem Auslaufen des Arbeitslosengelds nicht mit weiteren staatlichen Zahlungen rechnen.

Modalitäten des Kündigungsvertrags

Welche Auswirkungen eine Kündigung in Verbindung mit einer Abfindungszahlung auf das Arbeitslosengeld hat, hängt von den Modalitäten des Kündigungsvertrags ab. Nachteilige Folgen kann für Arbeitnehmer die Vereinbarung haben, dass das Arbeitsverhältnis vor Ablauf der ordentlichen Kündigungsfrist endet. In diesem Fall wird die Zahlung des Arbeitslosengelds so lange aufgeschoben, bis die reguläre Kündigungsfrist abgelaufen ist. Erst dann beginnen die Zahlungen der Arbeitsagentur.

Während beim Aufschub der Zahlung die Gesamtdauer des Bezugs von Arbeitslosengeld unverändert bleibt, führt eine Sperrfrist wegen Arbeitsaufgabe zu echten Verlusten. Die Sperrfrist wird verhängt, wenn der Arbeitnehmer selbst gekündigt oder in beiderseitigem Einvernehmen einen Aufhebungsvertrag unterzeichnet hat. Dies führt nicht nur dazu, dass in den ersten zwölf Wochen kein Arbeitslosengeld gezahlt wird, sondern es verkürzt auch die maximale Bezugsdauer um ein Viertel. Wer beispielsweise mit 58 Jahren einen Aufhebungsvertrag unterschreibt, riskiert damit eine Verkürzung der Zahlung von Arbeitslosengeld von 24 Monaten auf 18 Monate.

06

Ob es sich bei einem Aufhebungsvertrag um eine betrieblich bedingte Kündigung oder um eine selbst verschuldete Arbeitsaufgabe handelt, hängt zunächst einmal davon ab, wie viel Druck der Arbeitgeber ausgeübt hat. Würde dem Arbeitnehmer bei einer Ablehnung des Angebots eine betriebsbedingte Kündigung drohen,

Tipp

Die Höhe der Abfindung sollte entweder so hoch sein, dass die Verluste aufgrund einer Sperrfrist ausgeglichen werden, oder dass sie innerhalb des Rahmens von 0,5 Monatsgehältern pro Jahr der Betriebszugehörigkeit liegt.

führt die Aufhebung des Arbeitsverhältnisses grundsätzlich nicht zu einer Sperrfrist. Dafür ist jedoch Voraussetzung, dass die Höhe der Abfindung mit der Abfindung bei einer betriebsbedingten Kündigung vergleichbar ist – als Faustregel gilt, dass die Abfindung mindestens 0,25 und höchstens 0,5 Monatsgehälter pro Jahr der Betriebszugehörigkeit beträgt.

STEUERN UND SOZIALABGABEN

Die bis vor einigen Jahren geltenden steuerlichen Freibeträge für Abfindungszahlungen wurden mittlerweile komplett abgeschafft. Das bedeutet konkret: Abfindungen zählen als ganz normales steuerpflichtiges Einkommen.

Um die steuerliche Belastung aufgrund hoher Einmalzahlungen abzumildern, gewährt der Fiskus als einziges Steuerprivileg die Möglichkeit, eine Abfindungszahlung im Rahmen der sogenannten Fünftelregelung zu versteuern. Diese Regelung dient dazu, bei Abfindungen die steuerliche Belastung durch

Die Fünftelregelung

die Progression – also die Prozentual höhere Besteuerung von Spitzeneinkommen – zu reduzieren.

Würde ein lediger Arbeitnehmer im Jahr der Kündigung bei einem zu versteuernden Einkommen von 20.000 Euro eine Abfindung von 125.000 Euro beziehen, würde sich ohne die Fünftelregelung sein steuerpflichtiges Einkommen auf 145.000 Euro erhöhen, was eine Steuerbelastung von insgesamt 52.728 Euro zur Folge hätte.

Bei Anwenden der Fünftelregelung wird hingegen zunächst angenommen, dass sich das Einkommen im Bezugsjahr um ein Fünftel der Abfindungszahlung – also um 25.000 Euro auf 45.000 Euro – erhöht. Auf dieser Basis wird die folgende Rechnung aufgestellt:

Einkommensteuer von 20.000 Euro:	2.701 Euro
Einkommensteuer von 45.000 Euro:	10.870 Euro
Differenz:	8.169 Euro
Einbehalt der 5-fachen Differenz als Einkommensteuer:	40.845 Euro
Verbleibende Netto-Abfindung:	84.155 Euro

Besser sieht es aus Sicht des Arbeitnehmers in Sachen Sozialversicherung aus: Grundsätzlich sind für Abfindungen keine Sozialabgaben an die Renten-, Kranken-, Pflege- und Arbeitslosenversicherung abzuführen. Wichtig dabei ist jedoch, dass die Abfindung als Ausgleich für den Verlust des Arbeitsplatzes und nicht als Anerkennung für die geleistete Arbeit gezahlt wird – dann nämlich würden Sozialabgaben anfallen.

ANLAGEMÖGLICHKEITEN FÜR DIE ABFINDUNG

Die Abfindung dient in aller Regel dazu, die Zeit bis zum Beginn der gesetzlichen Altersrente zu überbrücken. Wenn Arbeitslosengeld gezahlt wird und das reduzierte Einkommen zum Bestreiten des Lebensunterhalts reicht, dann kann die

Abfindung zunächst einmal auf einem Anlagekonto geparkt werden.

Auf gar keinen Fall sollten Sie eine risikobehaftete Anlageform auswählen, da Sie eine kurz- bis mittelfristige Kapitalanlage planen, deren Erhalt auf jeden Fall gesichert sein muss. Infrage kommen daher die folgenden Anlageformen:

06

- Tagesgeldkonto,
- Festgeldkonto,
- Sparbriefe,
- Bundesfinanzierungsschätze,
- börsennotierte Bundeswertpapiere mit passender Restlaufzeit.

Dabei kommt es darauf an, dass Sie den Beginn der notwendigen Auszahlungen aus der Abfindung schon frühzeitig gut abschätzen können. Während der Zugriff auf das Tagesgeldkonto jederzeit möglich ist und börsennotierte Bundeswertpapiere notfalls vor der Fälligkeit über die Börse verkauft werden können, sind Sie bei Sparbriefen, Bundesfinanzierungsschätzen und Festgeldern an die vereinbarte Laufzeit gebunden – allerdings gibt es hier oftmals attraktivere Zinsen als bei den flexiblen Geldanlagen.

Für die Auszahlungsphase gibt es mit dem Bankauszahlplan und einem Tagesgeldkonto zwei Möglichkeiten.

Bankauszahlpläne sind das Gegenstück zum Ratensparplan und werden meist mit einem Festzins ausgestattet. Die Laufzeit und damit die Höhe der Rate wird vor dem Abschluss mit der Bank vereinbart: Je kürzer der Auszahlplan, umso höher ist die monatlich oder jährlich ausgezahlte Rate, da diese zu einem großen Teil aus Kapitalrückzahlungen und nur zu einem kleinen Teil aus Zinsen besteht. Nachteilig ist jedoch, dass

Tipp

Eine Kompromisslösung kann darin bestehen, die Abfindung bis zum geplanten Auszahlungsbeginn auf feste und flexible Anlageprodukte zu verteilen. Das Mischungsverhältnis ergibt sich individuell und hängt von der Planungssicherheit ab.

Auszahlpläne während der Laufzeit meist nicht verändert werden können.

Die flexiblere, wenn auch oft etwas niedriger verzinste Alternative ist die Anlage der Abfindung auf einem **Tagesgeldkonto**, von dem entweder in Form eines Dauerauftrags oder bedarfsweise das Geld wieder abgezogen wird.

Dabei sollten Sie bedenken, dass die Auszahlung zum allergrößten Teil aus dem Kapitalverzehr besteht und selbst stattliche Abfindungssummen schnell verbraucht sein können.

Ein Arbeitnehmer erhält bei seinem Ausscheiden eine Abfindung in Höhe von 60.000 Euro. Zunächst einmal muss davon die Einkommensteuer abgezogen werden, die bei dieser Summe durchaus bei 18.000 Euro liegen kann – damit bleiben also 42.000 Euro übrig. Wenn zwei Jahre lang Arbeitslosengeld gezahlt wird und dies zum Leben reicht, kann die Abfindung zunächst einmal angelegt werden, dann würde bei 2,0 Prozent Anlagezins das Guthaben 43.697 Euro betragen. Wird anschließend ein Auszahlplan zum gleichen Zinssatz eingerichtet, der monatlich 2.000 Euro bringen soll, reicht das Guthaben zur Überbrückung von 22 Monaten.

Im Hinblick auf die Einkommensteuer sind solche Auszahlpläne kaum relevant, da der Kapitalverzehr kein steuerpflichtiges Einkommen darstellt. Nur wenn der Zinsertrag höher ist als der Sparerpauschbetrag von 801 Euro pro Person, können die Zinsen teilweise mit Abgeltungsteuer belegt werden.

DIE ANLAGESTRATEGIE VOR DEM RENTENEINTRITT

07

Wenn Sie früher in Rente gehen wollen, müssen Sie mit Abschlägen bei der gesetzlichen Rente rechnen. Deshalb ist es wichtig, rechtzeitig vor Rentenbeginn Ihren Finanzbedarf im Rentenalter zu ermitteln und eine etwaige Versorgungslücke zu analysieren. Auf was Sie dabei achten müssen und wie Sie bis zum Rentenbeginn Ihre Vermögenswerte sichern, erfahren Sie in diesem Kapitel.

Finanzplan möglichst früh aufstellen

Früher als ursprünglich vorgesehen in Rente zu gehen benötigt eine gute Vorbereitung. Wie schon mehrfach in diesem Buch erwähnt, ist nicht nur mit Abschlägen bei der gesetzlichen Rente zu rechnen, sondern auch mit allenfalls minimalen staatlichen Unterstützungsleistungen für diejenigen, die vor dem Erreichen des regulären Rentenalters aus dem Erwerbsleben ausscheiden.

Das bedeutet konkret, dass Sie Ihre Finanzplanung so früh wie möglich auf diese Rahmenbedingungen abstimmen sollten. Zwar ist damit ein gewisser Rechenaufwand verbunden, doch das sorgfältige Kalkulieren lohnt sich, denn nur so können böse Überraschungen verhindert werden.

DEN EINKOMMENSBEDARF IM RENTENALTER ABSCHÄTZEN

Zwar lässt sich nicht auf Heller und Pfennig ausrechnen, mit welchem Einkommen der Lebensstandard in 10 oder 15 Jahren gehalten werden kann. Zu viele Unwägbarkeiten sind mit dieser Frage verbunden, als dass Sie an dieser Stelle eine hieb- und stichfeste Rechenformel für Ihre Planung erwarten könnten. Was die Zukunft bringen mag, lässt sich zwar prognostizieren, aber nicht prophezeien.

Inflationsrate

Ein starker Unsicherheitsfaktor besteht in der Höhe der Inflationsrate, die Jahr für Jahr die Lebenshaltungskosten ansteigen lässt. Wie Sie die Inflationsrate in Ihre persönliche Einkommensprognose einbeziehen, zeigt das folgende Rechenbeispiel: Beträgt die durchschnittliche Inflationsrate 1,5 Prozent im Jahr, dann müssen Sie im Lauf von zehn Jahren mit einem Anstieg der Lebenshaltungskosten um 16 Prozent kalkulieren. Klettert indes die Inflationsrate auf 2,5 Prozent, brauchen Sie in zehn Jahren bereits einen Einkommenszuwachs von 28 Prozent, um den heutigen Standard zu erhalten.

Darüber hinaus beeinflussen auch persönliche Gesichtspunkte Ihre Einkommensprognose. So können Sie etwa als Eigenheimbesitzer berücksichtigen, dass Sie im Rentenalter keine Darlehensraten mehr bezahlen brauchen, weil Ihre Immobilie schuldenfrei ist – unter der Voraussetzung, dass Sie Ihr Finanzierungskonzept entsprechend ausgelegt haben. Auch die Aufwendungen für Fahrten mit dem Auto werden sich sicherlich reduzieren, da Sie nicht mehr jeden Tag zur Arbeit fahren. Ebenso werden in Familien die gesamten Lebenshaltungskosten zurückgehen, sobald die Kinder ausgezogen sind und ihren eigenen Hausstand gegründet haben.

Individuelle Aspekte

07

Auf der anderen Seite sollten Sie nicht allein mit Kostensenkungen kalkulieren, denn im Rentenalter schlägt mancher Ausgabenposten stärker zu Buche. Beispiel Gesundheitsausgaben: Auch rüstige Rentner müssen öfter zum Arzt oder zum Heilpraktiker und brauchen mehr Medikamente als junge Leute. Außerdem wollen Sie sich ja auch ab und zu etwas Gutes tun und sich eine Kur oder einen längeren Erholungsaufenthalt gönnen – für solche Investitionen ins eigene Wohlbefinden sollte im Rentenalter nach Möglichkeit genügend Geld vorhanden sein.

Die Antwort darauf ist zum größten Teil von Ihren persönlichen Ansprüchen und Bedürfnissen abhängig – und deshalb soll das folgende Beispiel nur zeigen, wie solch ein Berechnungsmodell aussehen könnte.

Tipp

Kalkulieren Sie daher lieber vorsichtig, wenn Sie Ihren heutigen Einkommensstand auf das Rentenalter hochrechnen. Gehen Sie dabei Schritt für Schritt vor. Und die erste Frage lautet stets: Wie viel Geld brauche ich monatlich, wenn ich im Ruhestand bin?

Aktuelles Nettomonatseinkommen:	3.000 Euro
– Wegfall Baufinanzierung im Rentenalter:	700 Euro
– Wegfall Ausbildungsfinanzierung Kind:	500 Euro
+ Aufwendungen für Gesundheit	200 Euro
= Renteneinkommen auf heutigem Niveau	2.000 Euro
+ 2 Prozent Inflation auf 10 Jahre (insgesamt 22 Prozent)	440 Euro
= geschätzter künftiger Rentenbedarf	2.440 Euro

Klar: Aufgrund der vielen Unwägbarkeiten können Sie Ihren langfristigen Bedarf niemals auf einen exakten Betrag festlegen. Dennoch sollten Sie einmal in aller Ruhe eine Berechnung durchführen, denn damit haben Sie zumindest eine Grundlage, auf der Sie Ihre Anlagestrategie aufbauen können. Auch eine grobe Schätzung ist immer noch besser als überhaupt keine Basis – denn dann würden Sie nach dem „Prinzip Hoffung" eine ziemlich wacklige Konstruktion für Ihre private Altersvorsorge aufbauen.

IN FÜNF SCHRITTEN DIE VERSORGUNGSLÜCKE ANALYSIEREN

Bedarf ermitteln, dann anlegen!

Schritt für Schritt sollten Sie nun den Handlungsbedarf analysieren – und dabei gilt: Ermitteln Sie als Erstes Ihren Bedarf, und treffen Sie erst danach die Anlageentscheidung! Bei umgekehrter Vorgehensweise könnte es sein, dass Sie bei der Altersvorsorge aufs falsche Pferd setzen oder Ihre Lücke am Ende doch nicht schließen könnten. Das wäre auf jeden Fall ärgerlich und im schlimmsten Fall sogar mit deutlichen Einbußen bei der Lebensqualität im Rentenalter verbunden.

Schritt 1: Wie hoch wird Ihre Rente ausfallen?

Im Gespräch mit einem Rentenberater sollten Sie im ersten Schritt errechnen lassen, wie hoch einmal Ihre Rente ausfallen wird. Dazu kommen gegebenenfalls noch Ansprüche, die Sie aus der betrieblichen Altersversorgung angesammelt haben. Berücksichtigen sollten Sie auch die Frage, wie hoch nach derzeitiger Gesetzeslage Ihre voraussichtliche steuerliche Belastung im Rentenalter sein wird und welchen Betrag Sie für die Krankenversicherung einkalkulieren müssen.

07

Schritt 2: Ihr Einkommensbedarf im Rentenalter

Anhand der im vorhergehenden Unterkapitel beschriebenen Modellrechnung sollten Sie nun ermitteln, wie hoch Ihr monatliches Einkommen im Rentenalter einmal ausfallen sollte.

Schritt 3: Wie groß wird die Einkommenslücke sein?

Aus der Differenz zwischen Ihrem künftigen Einkommensbedarf und Ihren voraussichtlichen Einkünften aus gesetzlicher und betrieblicher Rente können Sie Ihre Einkommenslücke ersehen. Je kürzer der Zeitraum Ihrer Beitragszahlungen ist, desto größer wird der zusätzliche Einkommensbedarf im Rentenalter sein.

Schritt 4: Ermittlung des notwendigen Vermögens im Rentenalter

Wenn Sie wissen, wie hoch Ihr Zusatzeinkommen aus privatem Vermögen im Rentenalter sein sollte, können Sie daraus auf das notwendige Guthaben schließen. Da Sie im Rentenalter auf regelmäßige Auszahlungen angewiesen sind, sollten Sie bei Ihrer Kalkulation auf Nummer sicher gehen und mit einer Rendite rechnen, die derjenigen von risikoarmen Bundeswertpapieren entspricht. Wenn Ihre Kapitalanlagen mehr abwerfen, können Sie sich ja immer noch den ein oder anderen Luxus gönnen; wenn es weniger ware, hätten Sie deutlich unangenehmere Folgen zu tragen.

Inflation einkalkulieren

Beim Erstellen solcher Berechnungsmodelle sollten Sie allerdings nicht außer Acht lassen, dass die Inflation auch im Rentenalter weitergeht. Die Folge: Wenn Sie mit jährlich gleichbleibenden Ausschüttungen kalkulieren, werden aufgrund schwindender Kaufkraft diese Erträge Jahr für Jahr weniger wert. Diesen Effekt können Sie vermeiden, indem Sie einen Teil der Zinserträge gleich wieder anlegen. So sollten Sie etwa 2 Prozent des Gesamtguthabens im Rentenalter dazu verwenden, Ihr Vermögen weiter wachsen zu lassen. Zwar wird damit zunächst einmal Ihre jährliche oder monatliche Ausschüttung geschmälert, aber dafür haben Sie langfristig die Sicherheit, dass auch Ihre private Rentenzahlung zumindest mit der Inflation Schritt halten kann.

Weil oftmals das Vermögen nicht ausreicht, um allein aus den Kapitalerträgen die Zusatzrente zu bestreiten, kann die Anlage eines gewissen Vermögensanteils in eine private Rentenversicherung mit sofort beginnender Auszahlung sinnvoll sein. Wie hoch die Rentenauszahlung sein wird, hängt von mehreren Faktoren ab:

Tipp

Im Internet können Sie insbesondere auf den Webseiten der Direktversicherer Rentenauszahlpläne berechnen lassen. Achten Sie jedoch darauf, dass Sie bei der Hochrechnung eine jährlich steigende Rente mit ausreichender Hinterbliebenenabsicherung wählen und dass Sie als Kalkulationsbasis stets die gesicherte Garantierente verwenden.

- dem Anlagegeschick und der Kostenstruktur des Versicherers,
- dem Alter bei Auszahlungsbeginn,
- dem Geschlecht des Versicherten (Männer erhalten aufgrund ihrer niedrigeren Lebenserwartung eine höhere Rente als Frauen),
- der Absicherung des Lebenspartners in Form einer Garantiezeit und
- der Frage, ob die Rente gleich bleibt oder Jahr für Jahr steigen soll.

Schritt 5: Mit welcher Sparrate erreichen Sie Ihr Ziel?

Im vorangegangenen Schritt haben Sie ermittelt, wie hoch Ihr Gesamtvermögen beim Eintritt in den beruflichen Ruhestand sein sollte. Aus der aktuellen Aufstellung von Vermögen und Schulden ersehen Sie den jetzigen Stand Ihrer Ersparnisse. Der Rest ist ein simples Rechenspiel: Die Differenz aus diesen beiden Werten sollten Sie bis zum Rentenbeginn angespart haben.

07

VERMÖGENSWERTE SICHERN UND FLEXIBILITÄT SCHAFFEN

Wenn Sie auf absehbare Zeit Ihr Guthaben nicht antasten, können Sie ein gewisses Maß an Wertschwankungen in Kauf nehmen und beispielsweise Geld am Aktienmarkt oder in Währungen außerhalb des Euro-Raums investieren.

Doch mit dem näherrückenden Rentenbeginn ändern sich die Anforderungen an die Sicherheit Ihrer Kapitalanlagen. Auch wenn Sie das Guthaben im Rentenalter nicht verbrauchen, so ist doch oft der Zugriff auf die daraus resultierenden Erträge eingeplant. Das passt weder mit Fremdwährungsanlagen noch mit Aktien zusammen: In beiden Fällen müssten Sie stark schwankende Einnahmen in Kauf nehmen. Bei Aktien können in schlechten Jahren Dividendenausfall und Kursverluste für herbe Verluste sorgen, und bei Anlagen in fremden Währungen würde ein nachhaltiger Devisenkursverlust den Wertverfall Ihres Guthabens nach sich ziehen.

Daher sollten Sie bei dem Teil Ihres Vermögens, der die Altersversorgung mit abdecken soll, für hun-

Tipp

Wenn Sie mindestens fünf Jahre vor Renteneintritt mit dieser Umschichtungsaktion beginnen, können Sie gezielt Zeiten hoher Börsenkurse nutzen, um beim Wechsel der Anlageform die optimalen Kursgewinne erzielen zu können. Als Faustregel gilt dabei: Je mehr Zeit Sie dafür einplanen, umso weniger stehen Sie unter Druck und müssen womöglich bei Umschichtungen im Börsentief Renditeeinbußen in Kauf nehmen.

dert Prozentige Sicherheit sorgen. Schrittweise sollten Sie den Anteil an Aktien und Fremdwährungen – inklusive der entsprechenden Investmentfonds – reduzieren und in sichere Anlagen bei Banken oder in Bundeswertpapiere umschichten.

Ein weiterer Aspekt bei der Anlagestrategie kurz vor dem Renteneintritt ist die Flexibilität. Vor allem dann, wenn Sie aufgrund des vorgezogenen Ruhestands einen gewissen Zeitraum aus eigenen Kapitalanlagen überbrücken müssen, brauchen Sie die Gewähr, dass im Bedarfsfall das Geld schnell verfügbar ist.

Daher ist es oftmals wenig ratsam, beim Umschichten in sichere Anlageformen aufgrund der geringfügig höheren Verzinsung unflexible Anlageprodukte wie Sparbriefe oder langlaufende Festgelder zu bevorzugen. Im schlimmsten Fall müsste bei einer zu langen Laufzeit das fest angelegte Guthaben als Sicherheit für einen teuren Überbrückungskredit dienen – und dann würde der Kreditzins den zusätzlichen Anlagezins auffressen und eventuell sogar noch zusätzlich kosten.

Zwar brauchen Sie nicht Ihr gesamtes Vermögen auf dem Tagesgeldkonto zwischenparken. Doch für den Anteil, der in einer möglichen Übergangsphase aufgebracht werden kann, sollte zumindest innerhalb weniger Monate der Zugriff gewährleistet sein. Dazu können beispielsweise die folgenden Anlageprodukte infrage kommen:

- Festgelder mit drei- bis sechsmonatiger Laufzeit,
- Bundesschatzbriefe, wenn die einjährige Haltefrist bereits vorüber ist,
- Bundesobligationen, die im Bedarfsfall – beim Risiko überschaubarer Kursverluste bei steigenden Zinsen – über die Börse veräußert werden können,
- Sparzertifikate mit jährlich steigenden Festzinsen, bei denen der Ausstieg mit einer Kündigungsfrist von drei Monaten möglich ist.

DIE ANLAGESTRATEGIE BEIM RENTENBEGINN

Beim Rentenbeginn muss gewährleistet sein, dass Ihnen die finanziellen Mittel für ihren Lebensunterhalt zur Verfügung stehen. In Betracht kommen insbesondere staatliche Übergangsleistungen, eine gesetzliche oder private Rente und Leistungen aus Lebens- und Rentenversicherungen oder aus einem Versicherungssparvertrag. Berücksichtigen Sie auch, dass im Rentenalter unter Umständen zusätzliche Ausgaben für Gesundheit und Pflege zu finanzieren sind.

Wenn Sie bis zum Ausscheiden aus dem aktiven Berufsleben Ihr Vermögen so geordnet haben, dass Sicherheit und Flexibilität die herausragenden Merkmale sind, kommt beim Eintritt in den beruflichen Ruhestand ein weiterer Schritt zur Feinjustierung. Voraussetzung ist, dass die folgenden Fragen beantwortet sind:

- Wie hoch ist die Abfindung des Arbeitgebers?
- Welche staatlichen Übergangsleistungen – insbesondere Arbeitslosengeld – können Sie erwarten?
- Steht Ihnen eine gesetzliche oder private Rente aus Erwerbs- oder Berufsunfähigkeit zu?
- Wie hoch wird die Betriebsrente ausfallen und wann beginnen die Auszahlungen?
- In welcher Höhe und zu welchem Zeitpunkt werden private Lebens- oder Rentenversicherungen fällig?

Versicherungs-
sparvertrag

Viele Arbeitnehmer haben überdies in früheren Jahren einen Versicherungssparvertrag abgeschlossen, der je nach Spardauer und Raten am Ende eine Auszahlung in fünf- oder gar sechsstelliger Höhe bringen kann. Dann stellt sich die Frage, wie das ausgezahlte Geld möglichst sinnvoll angelegt werden kann. Die Antwort hängt vor allem davon ab, wie hoch Ihre zu erwartende gesetzliche und betriebliche Rente ist, welches regelmäßige Zusatzeinkommen Sie erzielen wollen und welche Beträge für spätere Anschaffungen oder Investitionen erst einmal auf die Seite gelegt werden sollen.

DIE PRIVATE SOFORTRENTE

Wenn Ihre gesetzliche Rente vergleichsweise niedrig ausfällt, weil Sie wegen des vorgezogenen Auszahlungsbeginns Abschläge hinnehmen müssen, kann die Investition von einem Teil des Auszahlungsbetrags in eine private Rentenversicherung mit sofortigem Auszahlungsbeginn vorteilhaft sein. Damit sichern Sie sich Ihr ganzes Leben lang eine garantierte regelmäßige Rentenzahlung. Allerdings sollten Sie bedenken, dass auch ein Teil Ihres Vermögens später einmal kurz- oder mittelfristig wieder zur Verfügung stehen sollte – und das ist mit einer privaten Rentenversicherung nicht möglich.

Die Gründe können vielfältig sein und reichen von der Unterstützung der Kinder beim Immobilienerwerb bis hin zur Vorsorge für altersgerechte Umbaumaßnahmen in der Wohnung. Es kommt darauf an, wie schnell im Bedarfsfall das Geld zur Verfügung stehen soll. Bei Sparbriefen haben Sie einen interessanten Zinssatz, der Zugriff ist jedoch während der Laufzeit nicht möglich. Wenn Sie flexibel bleiben wollen, sollten Sie Anlagen mit steigendem Zins bevorzugen – etwa Bundesschatzbriefe –, die den kurzfristigen Zugriff ermöglichen und gleichzeitig bei langer Anlagedauer gute Zinsen bringen.

Tipp

Als Faustregel gilt, dass mit einer privaten Rentenversicherung die Lücke zwischen der Höhe der gesetzlichen Rente und dem Aufwand für die Lebenshaltungskosten geschlossen wird. Somit kann es durchaus sinnvoll sein, nur einen gewissen Anteil einer zur Auszahlung gekommenen Kapitallebensversicherung in eine private Sofortrente einzuzahlen.

08

LIQUIDITÄTSRESERVE UND VORSORGE FÜR GESUNDHEIT UND PFLEGE

Wer mit 60 oder 63 Jahren in den Ruhestand geht und körperlich fit ist, mag sich oft nur ungern mit eventuellen künftigen körperlichen Problemen des Alters befassen. Doch die Realität zeigt, dass das Leben im hohen Alter beschwerlich werden kann. Dann kann es notwendig sein, die Wohnung baulich so umzugestalten, dass die Mühen des Alltags auf ein Minimum beschränkt bleiben – beispielsweise durch den Einbau eines Treppenliftes oder die Anpassung des Badezimmers an körperliche Einschränkungen.

Zusätzliche Ausgaben im Rentenalter

Solche Investitionen kosten viel Geld, und Sie wissen im Voraus nicht genau, wann sie anstehen. Die ideale finanzielle Vorsorge für diesen Fall liegt damit in Anlageformen, die langfristig gute Gewinne bringen und bei Bedarf innerhalb weniger

Monate in Anspruch genommen werden können. Insbesondere Bundeswertpapiere, Renten-Indexfonds und länger laufende Kapitalanlagen bei Banken kommen hierfür infrage.

Wichtig: finanzielle Reserve

Darüber hinaus ist es auch im Rentenalter wichtig, für unvorhergesehene Ausgaben eine finanzielle Reserve auf der hohen Kante zu haben. Bei Erwerbstätigen gilt die Faustregel, dass etwa zwei bis drei Netto-Monatsgehälter ständig verfügbar sein sollten. Im Rentenalter sollten Sie den Betrag sogar noch etwas höher ansetzen, da einerseits Ihre laufende Rente geringer ist als das einstige Arbeitseinkommen und damit weniger finanzielle Flexibilität bietet, und auf der anderen Seite womöglich öfter eine ungeplante Ausgabe ansteht. Vor allem in Anbetracht immer höher werdender Eigenbeteiligungen bei Gesundheits- und Behandlungskosten sollten Sie für solche Fälle genügend Freiraum einplanen.

LAUFENDE ERTRÄGE AUS KAPITALANLAGEN

Je nach Höhe des Gesamtvermögens kann es sein, dass nach der Berücksichtigung von Liquiditätsreserve und Vorsorge noch weitere Vermögenswerte zur freien Verfügung stehen. Solche Kapitalanlagen können dazu genutzt werden, mit den daraus resultierenden Erträgen die Rente aufzubessern. Je nach Anlageform können diese Einnahmen nicht nur unterschiedlich hoch ausfallen, sondern auch mehr oder weniger stark schwanken.

Kalkulierbare Zinserträge

Zinsen: Die einfachste und sicherste Variante besteht darin, das Geld bei einer Bank oder in Bundeswertpapieren anzulegen. Wenn es sich um Festzinsanlagen handelt, sind die Zinseinnahmen über den Zeitraum der Zinsbindung kalkulierbar – allerdings sollten Sie dabei bedenken, dass die Ausschüttung zumeist nur einmal pro Jahr erfolgt. Bei Anlagen mit variabler Verzinsung kann je nach Lage am Kapitalmarkt der Zins Jahr für Jahr schwanken.

Höhere Zinserträge bieten Schwellenländer-Staatsanleihen oder Unternehmensanleihen mit niedriger Bonität, doch entsprechend hoch ist das Risiko eines Totalausfalls. Wenn das Unternehmen pleitegeht oder ein Staat eine Schuldenrestrukturierung durchführt, müssen die Inhaber von Anleihen ihr Investment teilweise oder sogar komplett in den Wind schreiben. Etwas geringer sind die Risiken bei Hochzinsanleihen-Investmentfonds, da hier das Anlagerisiko auf viele einzelne Anleihenschuldner verteilt wird.

Für Risikofreudige

08

Gänzlich meiden sollten Sie – auch wenn die Höhe der Zinssätze oftmals verlockend erscheint – Anleihen von Herausgebern mit unklarer Bonität, die außerhalb der Börse gehandelt werden. Wenn Sie Ihre Rente mit Zinserträgen aufbessern wollen, sollten Sie auf bekannte und bewährte Anlageformen wie Sparbriefe von Banken oder Bundeswertpapiere setzen.

Dividenden: Bei entsprechendem Gesamtvermögen kann ein gewisser Aktienanteil auch im Rentenalter sinnvoll sein – Voraussetzung dafür ist, dass das Geld weder mittel- noch langfristig verplant ist und der Anleger auf die Erträge nicht angewiesen ist.

Gerade in Zeiten niedriger Marktzinsen bieten dividendenstarke Unternehmen im Verhältnis zum Kaufkurs der Aktie oftmals eine Ausschüttungsrendite, die deutlich höher liegt als der Zins für sichere Geldanlagen. Vor allem die wenig konjunkturabhängigen Unternehmen aus den Bereichen Telekommunikation, Energieversorgung oder Nahrungsmittelproduktion bieten oft recht stabile Ausschüttungen.

Stabile Ausschüttungen

Allerdings gibt es keine Garantie – wenn die Geschäfte schlecht laufen, werden Dividenden auch mal gekürzt oder ganz gestrichen. Daher sollten Sie nur dann auf die Dividende als regelmäßigen Ertragsbringer setzen, wenn Sie Ausfälle problemlos verkraften können. Weil Sie für eine vernünftige Risikostreuung mindestens fünf bis sieben unterschiedliche Einzelaktien benötigen, kann ein Aktienfonds mit dividendenstarken Aktien als Anlageschwerpunkt eine gute Alternative sein. Wenn Sie einen Fonds wählen, der die Dividenden an die Anleger ausschüttet, können Sie bei gleichbleibendem Aktienbestand Jahr für Jahr die Dividende verbrauchen.

Vorsicht

Ein weiterer Risikofaktor ist der Mietausfall, wenn die Wohnung leer steht oder der Mieter nicht zahlen kann. Hier kann die Kapitalanlage schnell zum Minusgeschäft werden: Auch wenn keine Miete hereinkommt, laufen die Kosten weiter. Ähnlich wie bei den Dividenden gilt folglich auch hier, dass Erträge aus vermietetem Wohneigentum ein erfreuliches, aber nicht unbedingt zuverlässiges Zusatzeinkommen im Rentenalter darstellen.

Mieteinnahmen: Die vermietete Wohnung ist bei vielen Rentnern ein beliebter Baustein der privaten Altersvorsorge. Allerdings ist eine Wohnung als Kapitalanlage in der Regel nur dann sinnvoll, wenn der Erwerb in einer Phase mit hohem Einkommen erfolgt, da die Kreditzinsen für die Finanzierung steuermindernd geltend gemacht werden können. Wichtig ist, dass alle Schulden bis zum Renteneintritt getilgt sind, da ansonsten die Rückzahlungsrate fürs Darlehen meist höher ist als der Mietertrag.

Zu berücksichtigen ist außerdem, dass auf längere Sicht nur ein Teil der Miete auch wirklich als Einnahme verbucht werden kann. Zunächst einmal können manche Wohnungsnebenkosten, wie beispielsweise die Rücklagen für gemeinschaftliche Instandhaltungsmaßnahmen oder die Gebühren für den Hausverwalter, nicht auf den Mieter umgelegt werden. Je nach Wohnung kann dies pro Monat einen mittleren bis höheren zweistelligen Betrag ausmachen. Darüber hinaus sollte regelmäßig Geld auf die Seite gelegt werden, um notwendige Renovierungsarbeiten wie die Bad- und Küchenmodernisierung oder den Austausch von Bodenbelägen zu finanzieren.

STEUERN UND SOZIAL-ABGABEN IM RENTENALTER

09

In diesem Kapitel erfahren Sie, welche steuer- und sozial-versicherungsrechtlichen Folgen Ihr Eintritt ins Rentenalter hat. Die unterschiedliche Besteuerung richtet sich nach Ihren verschiedenen Einnahmearten. Und bei der Kranken- und Pflegeversicherung im Rentenalter ist von Bedeutung, ob Sie in Ihrem aktiven Berufsleben gesetzlich oder privat krankenversichert waren.

Mit dem Eintritt in den beruflichen Ruhestand sinkt zwar in aller Regel das Einkommen, doch dafür gehen auch die Steuerzahlungen und Sozialabgaben deutlich zurück.

Naturgemäß entfallen zunächst einmal die Beiträge für die gesetzliche Rentenversicherung und die Arbeitslosenversicherung, sodass sich die Sozialversicherung auf Kranken- und Pflegeversicherung reduziert. Im Folgenden erfahren Sie, welche steuer- und sozialversicherungsrechtlichen Spielregeln für Rentnerinnen und Rentner gelten.

EINKOMMENSTEUER

Schön wäre es, wenn für Rentner das Leben in steuerlicher Hinsicht einfacher werden würde – doch dem ist leider nicht so. Je nachdem, aus welchen Quellen Ihre Einkünfte stammen, können verschiedene steuerliche Regelungen zum Einsatz kommen.

Gesetzliche Rente: Bei der Besteuerung der gesetzlichen Rente kommt es zunächst einmal darauf an, in welchem Jahr Sie zum ersten Mal Altersrente beziehen. Denn: Im Zuge der sogenannten nachgelagerten Besteuerung geht der Staat immer mehr dazu über, Vorsorgemaßnahmen steuerlich zu fördern und dafür die Steuerlast für Rentner zu erhöhen.

Nachgelagerte
Besteuerung

Beim Renteneintritt im Jahr 2012 gelten 64 Prozent der Rente als steuerpflichtiges Einkommen, beim Rentenbeginn im Jahr 2013 sind es 66 Prozent – und so geht es Jahr für Jahr in 2-Prozent-Schritten weiter. Wichtig zu wissen: Wie hoch der steuerpflichtige Anteil ist, hängt allein vom Jahr des Rentenbeginns ab. Der Anteil, der beim Renteneintritt im Jahr 2012 dann 64 Prozent beträgt, bleibt für den Rest des Lebens unverändert.

Dieselben Regeln gelten auch für Einkünfte aus einem Rürup-Rentensparplan.

Betriebsrente: Betriebsrenten, die vom ehemaligen Arbeitgeber gezahlt werden, stellen zunächst einmal in vollem Umfang einkommensteuerpflichtige Einkünfte dar. Allerdings können ehemalige Arbeitnehmer den Versorgungsfreibetrag nutzen, bei dem ein ähnlicher Mechanismus greift wie bei der Besteuerung der gesetzlichen Rente: Je später der Renteneintritt erfolgt, umso höher ist der steuerpflichtige Anteil der Rentenzahlung.

09

Versorgungsfreibetrag

Wer im Jahr 2010 erstmals Betriebsrente erhielt, kann lebenslang einen Versorgungsfreibetrag von 32 Prozent der Auszahlungen steuerlich geltend machen. Bei späterem Rentenbeginn sinkt dieser Freibetrag jährlich um 1,6 Prozentpunkte.

Erträge aus Direktversicherungen, die vom Arbeitnehmer im Zuge der früher geltenden Pauschalbesteuerung angespart worden sind, zählen steuerrechtlich nicht als Betriebsrente. Bei der Auszahlung auf einen Schlag bleiben die Erträge – wenn die Versicherung mindestens zwölf Jahre lang bestand – steuerfrei, bei der Verrentung werden sie wie eine private Rente besteuert.

Private Rentenversicherungen: Eine Sonderregelung gilt für private Rentenversicherungen. Weil hier das eingezahlte Kapital nach und nach aufgezehrt wird, muss nur ein Teil der Auszahlungen als Einkommen versteuert werden – das ist der sogenannte Ertragsanteil. Dessen Höhe ist von Ihrem Alter bei Auszahlungsbeginn abhängig. Je später die erste Auszahlung erfolgt, umso niedriger wird der Ertragsanteil bewertet. Wenn die privaten Rentenzahlungen im Alter von 65 Jahren beginnen, liegt der Ertragsanteil bei 18 Prozent. Das ist wie folgt zu verstehen: Wenn Sie jährlich 1.000 Euro Privatrente beziehen,

Ertragsanteil

zählt sie für das Finanzamt als steuerpflichtiges Einkommen
von 180 Euro.

Alter in Jahren	Ertragsanteil
60	22 %
61	22 %
62	21 %
63	20 %
64	19 %
65	18 %
66	18 %

In der Tabelle links finden Sie einen Überblick über
die Ertragsanteile je nach Zeitpunkt der ersten Auszahlung.

Kapitalerträge: Zum Jahresbeginn 2009 wurde das
bisherige System aus Sparerfreibetrag, steuerfreien
Kursgewinnen, hälftiger Dividendenbesteuerung
und der Versteuerung zum persönlichen Steuersatz abgeschafft und durch eine einheitliche Abgeltungsteuer ersetzt. Diese Steuer fällt auf Zinsen,
Dividenden und Kursgewinne an. Dabei wurde der
Sparerfreibetrag mitsamt der Werbungskostenpau-
schale in einen sogenannten Sparerpauschbetrag
umgewandelt, der 801 Euro pro Anleger beträgt. Damit bleibt
die Höhe der steuerfrei erzielbaren jährlichen Kapitalerträge
gleich. Wenn der Pauschbetrag ausgeschöpft ist, werden alle
Kapitalerträge mit der Abgeltungsteuer belegt. Diese wird
zwar mit 25 Prozent angegeben, ist in der Realität jedoch
höher, weil Solidaritätszuschlag und gegebenenfalls Kirchensteuer hinzukommen.

Offene Immobilien-
fonds

Offene Immobilienfonds sind ein Sonderfall: Hier dürfen die
Veräußerungsgewinne aus Immobiliengeschäften steuerfrei
ausgeschüttet werden, wenn die Immobilie mindestens zehn
Jahre im Bestand war. Außerdem können Immobilienfonds-
Investoren auf Steuervergünstigungen bei Mieteinnahmen
hoffen, wenn es sich um Fondsimmobilien handelt, deren
Standort sich im Ausland befindet.

KRANKEN- UND PFLEGEVERSICHERUNG

Je nachdem, ob Sie in Ihrem aktiven Berufsleben gesetzlich oder privat krankenversichert waren, gelten auch im Rentenalter unterschiedliche Regeln.

09

Private Krankenversicherung: Für diejenigen, die im Berufsleben aus der gesetzlichen Krankenversicherung ausgestiegen sind und sich privat versichert haben, ist im Rentenalter keine Rückkehr in die gesetzliche Krankenkasse möglich. Wie es bei privaten Versicherern üblich ist, hängt die Höhe des Beitrags nicht vom Einkommen ab, sodass sich das reduzierte Einkommen im Rentenalter eigentlich nicht beitragssenkend auswirken würde.

Um die Kostenbelastung für Rentner abzufedern, müssen private Krankenversicherer Altersrückstellungen bilden, die ab dem Renteneintritt zur Reduzierung der Beiträge verwendet werden.

Vom Rentenversicherungsträger erhalten privat krankenversicherte Rentner auf Antrag einen Beitragszuschuss, der zusammen mit der Rente gezahlt wird. Dieser beträgt die Hälfte des durchschnittlichen allgemeinen Beitragssatzes der gesetzlichen Krankenversicherung aus der Rente, höchstens jedoch die Hälfte des Beitrags zur Krankenversicherung.

Beitragszuschuss

Gesetzliche Krankenversicherung: Wenn Sie in der zweiten Erwerbslebenshälfte zu mindestens 90 Prozent der Zeit gesetzlich krankenversichert waren, sind Sie als Rentner Pflichtmitglied in der gesetzlichen Krankenversicherung. Sie können die Krankenkasse frei wählen und zahlen den allgemeinen Beitragssatz Ihrer Krankenkasse. Der Beitrag wird je zur Hälfte von dem Rentner und dem Rentenversicherungsträger getragen. Dazu kommt der gesetzliche Zusatzbeitrag von 0,9 Prozent, den Sie als Rentner allein tragen müssen.

Auch auf Versorgungsbezüge, die neben oder anstelle der gesetzlichen Rente bestehen, müssen Krankenversicherungsbeiträge gezahlt werden. Die Beiträge müssen Sie als Empfänger der Versorgungsbezüge allein tragen. Vor allem bei der Auszahlung von Betriebsrenten sollten Sie diese Zusatzbelastung einkalkulieren.

AUSBLICK: DEUTSCHLAND IM EU-VERGLEICH

Mit der faktischen Abschaffung der noch vor einigen Jahren gern genutzten Möglichkeiten zum Vorruhestand will die Regierung die Sozialkassen entlasten und den tatsächlichen Renteneintritt möglichst nahe an das reguläre Renteneintrittsalter heranführen.

Die Tabelle auf Seite 183 zeigt, dass Deutschland damit einem EU-weiten Trend folgt – auch in Bezug auf die schrittweise Erhöhung des Renteneintrittsalters auf 67 Jahre. Angesichts der demografischen Entwicklung und der immer stärker ansteigenden Staatsverschuldung ist nicht davon auszugehen, dass alte Vorruhestandsregelungen reaktiviert werden oder das Renteneintrittsalter gesenkt wird.

Nachholbedarf in anderen Staaten

Dass andere Länder wie Frankreich oder Italien derzeit noch ein deutlich niedrigeres effektives Renteneintrittsalter als Deutschland vorzuweisen haben, ist weniger ein Indiz für eine besonders rigide Haltung der Bundesregierung in der Rentenfrage als vielmehr ein Hinweis auf den Nachholbedarf in den betreffenden Staaten. Die allermeisten Länder mit großzügigen Rentenregelungen haben derzeit mit einer besonders hohen Neuverschuldung zu kämpfen und müssen – zuweilen gegen heftigen Widerstand in der Bevölkerung – ihre Sozialsysteme reformieren.

Wer einen früheren Rentenbeginn anpeilt, sollte daher nicht auf eine Rücknahme der Rente mit 67 oder gar eine Neubelebung von gesetzlichen Vorruhestandsregelungen hoffen. Zwar äußern Vertreter mancher politischen Parteien bisweilen solche Überlegungen, doch angesichts der finanziellen Belastungen des Bundes und der immer älter werdenden Bevölkerung sind die Chancen auf eine Realisierung verschwindend gering. Auch der Europaweite Trend spricht gegen eine Herabsetzung des Rentenalters. Die einzig sinnvolle Maßnahme für die Vorbereitung eines vorgezogenen beruflichen Ruhestands besteht somit darin, möglichst frühzeitig und ganz gezielt Kapital zu bilden, mit dem die zu erwartende Versorgungslücke gefüllt werden kann.

09

Land	Effektiver Rentenbeginn im Durchschnitt (2008)	Gesetzliches Renteneintrittsalter	Zukünftig geplantes Renteneintrittsalter
Frankreich	59,3	60	62
Italien	60,8	65	65
Österreich	60,9	65	65
Dänemark	61,3	65	67
EU-27	61,3	63,9	
Deutschland	61,7	65	67
Spanien	62,6	65	67
Niederlande	63,2	65	67
Irland	64,1	65	68

(Quelle: Eurostat)

184

STICHWORTVERZEICHNIS

A

IMPRESSUM

Herausgeber
Verbraucherzentrale Nordrhein-Westfalen e.V.
Mintropstraße 27, 40215 Düsseldorf
Telefon: 02 11/38 09-5 55
Telefax: 02 11/38 09-2 35
Internet: www.vz-nrw.de
E-Mail: publikationen@vz-nrw.de

Autor:	Thomas Hammer, Peter Lange
Herausgeber:	Dr. Frank Bräutigam
Koordination:	Kathrin Nick
Lektorat:	Mendlewitsch + Meiser, Düsseldorf
Produktion:	bretzinger : media.production, Baden-Baden
Gestaltungskonzept:	Ute Lübbeke, Köln, www.LNT-design.de
Umschlaggestaltung:	Ute Lübbeke, Köln, www. LNT-design.de
Umschlagfoto:	© Assembly/Blend Images/Corbis
Druck/Bindung:	Kraft Druck GmbH, Ettlingen
	Gedruckt auf 100 Prozent Recyclingpapier

GESETZLICHE RENTE
VORAUSSETZUNGEN, RENTENBESCHEID, RECHTSSCHUTZ

„Die Renten sind sicher!" – das war einmal. Reformen der gesetzlichen Rentenversicherung haben in den letzten Jahren zu spürbaren Einschnitten geführt. Umso wichtiger ist es, dass Sie Ihre Rechte kennen und wissen, wie Sie Ihre erworbenen Rentenansprüche durchsetzen. Der Ratgeber führt Sie anhand zahlreicher Fallbeispiele und mit vielen Praxistipps verständlich durch die schwierige Materie des Rentenrechts.

2. Auflage 2011
276 Seiten
ISBN 978-3-940580-76-4
9,90 €

Erhältlich im Buchhandel und bei den Verbraucherzentralen

verbraucherzentrale

RICHTIG VERERBEN UND VERSCHENKEN

Ob Vermögen zu Lebzeiten schon verschenkt oder besser erst nach dem Tod vererbt werden soll - gute Planung ist für Erblasser das A und O. Denn nur wer sich rechtzeitig mit der Vermögensübertragung beschäftigt, kann rechtliche oder steuerliche Stolperfallen vermeiden. Der Ratgeber hilft bei der Entscheidung für den richtigen Zeitpunkt, den Nachlass zu regeln, und erklärt verständlich die verschiedenen Instrumente wie Testament, Erbvertrag und Schenkung. Mit der aktuellen Rechtsprechung und relevanten erbschaftsteuerrechtlichen Regelungen.

1. Auflage 2011
256 Seiten
ISBN 978-3-940580-88-7
11,90 €

Erhältlich im Buchhandel und bei den Verbraucherzentralen

verbraucherzentrale